Sozialpädagogische Studienreihe

Beyer / Knötzinger

Wahrnehmen und Gestalten

Anleitung zur Kunst- und Werkerziehung für Studierende, Eltern, Lehrer und Erzieher

BARDTENSCHLAGER VERLAG MÜNCHEN

Bardtenschlager Verlag GmbH München
Umschlag: Maria Nöhmeier
Gesamtherstellung: Landsberger Verlagsanstalt, 891 Landsberg
ISBN 3-7623-0028-3

Inhalt

Wir danken . . .

den Kindern, Jugendlichen, Studierenden, Erziehern in der Praxis und unseren Kollegen, die in unserer mehrjährigen Lehrtätigkeit an Fachakademien für Sozialpädagogik, in Erziehungsberatungsstellen, in heilpädagogischen Einrichtungen, Kinderheimen, bei Seminaren und Fortbildungskursen durch verständnisvolle Zusammenarbeit und freudige Mitarbeit, durch Erfahrungsaustausch und in ständigen Lernprozessen zur Herausgabe dieses Buches beigetragen haben,

unseren Professoren und Lehrern Gerhard Gollwitzer (Kunsterziehung), Karl Hils (Werken), Helmut Jürgens (Bühnenbild und Kostüm), Oskar Kokoschka (Malerei), Franz Nagel (Malerei und Graphik), Kurt Wehlte (Maltechnik), Alfred Zacharias (Kunsterzieherausbildung), Hans Sedlmayer (Kunstgeschichte), die uns künstlerisch, pädagogisch und geistig sensibilisiert, gebildet und geprägt haben,

dem Verlag für sein Entgegenkommen und sein Verständnis, ein Buch für die kunstpädagogische Ausbildung an Fachhochschulen, Fachakademien, Fachschulen und Berufsfachschulen und für die erzieherischen Aufgaben der Eltern, Lehrer und Erzieher herauszugeben, das neueste kreativitätswissenschaftliche Erkenntnisse für die Praxis aufbereitet.

Wir wissen . . .

du möchtest schöpferisch tätig sein. Du möchtest Kinder zu denkenden, phantasievollen, schöpferischen Menschen erziehen.

Wir hören von neuen Methoden in Kindermalschulen, in Vorschulen. Wir sehen großangelegte Spielversuche im Fernsehen, in Kreativitätszentren, in Modellschulen und Modellkindergärten. Wir sind erdrückt von einer Fülle von Schriften und Büchern, von Berichten und Ausarbeitungen. Hier werden uns wissenschaftlich verschlüsselt Vorgänge angeboten, die uns zum Teil bekannt erscheinen und um die wir uns auch schon bemüht haben. Wir sind verunsichert. Wir sind vielleicht sogar verzweifelt.

Doch brauchen wir uns deswegen nicht

auf den Kopf zu stellen:

Es geht anderen ähnlich wie uns!

Eine Zeit, die so viel Neues entdeckt, eine Zeit, die das Kind neu sieht, eine Zeit, die die Erziehung und Ausbildung der Kinder zeitgemäß gestalten will, muß notwendig neue Wege gehen. Sie muß ihre Angebote, Methoden und Arbeitsweisen überdenken, neue suchen, überholte ausschließen, Erkenntnisse erfahrener Pädagogen, auch wenn sie schon vor Jahren und Jahrzehnten gemacht wurden, ausgraben und dem heutigen Stand der Entwicklung anpassen. Das sollte uns nicht verwirren, so verwirrend auch eine Neuerungssucht um jeden Preis sein mag, die meist von Effekthascherei, Geltungssucht und Konsumzwang gelenkt wird.

Hier müssen wir uns frei machen!

Vieles, was mit der Unduldsamkeit eines Dogmas vorgetragen wird, sollten wir nur als Versuch ansehen, dessen Ausgang noch ungewiß ist. Es ist um manche Bestrebung ruhig geworden, die noch vor Jahren lautstark als d i e Lösung vorgetragen wurde.

Dabei ist Verunsicherung gut! Sie zwingt uns, das, was wir tun, zu überdenken, sie zwingt uns, aktiv zu werden!

Um dich im bildnerischen Bereich dazu zu ermutigen und dich mit den nötigen Fähigkeiten auszurüsten, ist dieses Buch geschrieben.

Hof/Erlangen Gert Beyer
1975 Maximilian Knötzinger

INFORMIERE DICH

INFORMIERE DICH

Begriffe

Begriffsproblematik

Ein Junge baut sich nach Vorlage ein Segelboot. Ist er ein Bastler? Ist er ein technischer Werker? Würdest du die Tätigkeit des Schreiners als Werken bezeichnen? Ein Vater baut voll Phantasie und Eifer für sein vierjähriges Kind aus Holz und Metall ein Spielgerät. Ist er ein Hobbywerker? Ist er ein Handwerker? In einer Beschäftigungsaufgabe läßt du farbige Papiere aufkleben. Ist das Malen? Ist das Werken? Ist das Basteln? Du schlägst zwei Nagelreihen in eine Spanplatte, spannst Kettfäden und willst elementar Weben. Ist das Basteln? Ist das Handwerk? Ist das Hobby? Ist das *Kreativitätserziehung?* Du benützt beim Zeichnen technische Hilfsmittel, wie Lineale, Zirkel und Schablonen. Ist das technisches Zeichnen? Du stellst Schablonen her. Geschieht das selbstschöpferisch? Oder nachschöpferisch? Du erarbeitest eine Textilkollage. Ist das textiles Werken? Ist das Basteln? Gehört es zur *Kunsterziehung?* Oder ist es *Werkerziehung?* Wo ist eine Grenze zwischen Kunsterziehung und Werkerziehung? Du sprühst mit Farbe und Sieb. Ist das Malerei? Ist das Siebdruck?

Begriffserklärung

Kunsterziehung

Kunsterziehung löst als Schulfach und Bewegung um 1900 den alten Zeichenunterricht ab, der seit 1875 in den Schulen zu den Pflichtfächern zählte. Wie dieser ist auch Kunsterziehung abhängig von den erziehungswissenschaftlichen Theorien, den Stiltendenzen und der Kunstauffassung seiner Zeit. Die Entdeckung der Kinderzeichnung durch SULLY (1897) und KERSCHENSTEINER (1905) und die Hinwendung zum Naturstudium und zur Kunstbetrachtung waren dafür maßgebend. Wichtige Daten waren die Kunsterziehungstage von 1901, 1903 und 1905, die dazu die Anregungen gaben. Die Kunsterzieherbewegung, die von ALFRED LICHTWARK getragen wurde, zielte auf eine Erneuerung der gesamten Erziehung im Geiste der Kunst und gab damit der

Reformpädagogik starke Impulse. Es ging dabei um den Schwerpunkt der damaligen (und heutigen!) Bildungsarbeit, der auf dem Wissen lag und einseitig den Verstand überbewertete. Das Emotionale und Kreative, der affektive Bereich (Bereitschaft, Freude), Charakter und Körper kamen zu kurz. In jener Zeit prägte J. RICHTER den Begriff des „unterrichteten Barbaren". Schon damals erkannte LANGBEHN die Gefahren des Spezialistentums und sah den Verfall des geistigen Lebens voraus. Kunsterzieherbewegung und Reformpädagogik sind für uns geschichtliche Vergangenheit, doch ihre Erkenntnisse und Forderungen, schöpferisches Tun beim Kind zu wecken und zu fördern, sind heute noch genauso gültig, ja werden durch die Bemühungen der Kreativitätserziehung unserer Tage geradezu modern.
Diesen Bemühungen war eines gemeinsam, daß sie alle schöpferischen Kräfte des Kindes durch schöpferisches Tun zur Entfaltung bringen wollten. Als höchstes Ziel wurde das Gesamtkunstwerk gefeiert, das bildnerische Gestaltung, Tanz, Spiel und Musik zusammenfaßt.

Musische Erziehung

Diesem Ziel diente die *Musische Erziehung,* die in ähnlichem Anspruch Kunst-, Werk- und Musikerziehung als ihre Teilbereiche umfaßte, den jungen Menschen mit allen seinen Kräften, besonders auch den emotionalen, forderte, sein ganzes Dasein prägen wollte und vielfach in Verschwommenheit und Dilettantismus abglitt. War musische Erziehung noch in der Reformpädagogik wichtiger Bestandteil, so konnte sie die nach 1945 einsetzenden Schulreformen nur am Rande beeinflussen, sosehr sich ernstzunehmende Pädagogenkreise auch bemühten. Interessant ist daher in diesem Zusammenhang, daß in osteuropäischen Staaten, vor allem in Rußland, die Kunsterziehung im Sinne der Musischen Erziehung nach dem zweiten Weltkrieg erst richtig aufblühte.

Kunstunterricht

Seit etwa 1960 entwickelte sich der heutige *Kunstunterricht.* Für seine Entwicklung sind maßgeblich die Gegenwartskunst und ihre multimediale Verflechtung mit den verschiedensten Bereichen des modernen Lebens, die neue Erkenntnis um Produktion und Reflexion und der Kontakt zu den Wissenschaften. Als Lernziele wurden formuliert „die Schulung von bildnerischen Fertigkeiten, das Einüben spezifischer Handlungsformen, die Ausbildung ästhetischer Verhaltensweisen und der Erwerb künstlerischer Sachkenntnisse" (Lexikon der Pädagogik). Es soll Kindern und Jugendlichen in der alltäglichen Umwelt wie im Kunstwerk ästhetische Wirklichkeit erfahrbar gemacht werden. Die Kunstdidaktik spricht heute verstärkt von Reflexion und Versachlichung und vor allem von Kreativität. Dieses kreative Verhalten im bildnerischen Bereich äußert sich u. a. „in der Aufnahmebereitschaft und Sensitivität für ästhetische Fakten, Erfahrungen und Erlebnisse, im Ausdrucksbedürfnis und in der Fähigkeit zur Abwandlung und Umgestaltung von Material, Verfahrensweisen, Objektqualitäten, Strukturen und Stilprinzipien" (Lex. d. Päd.). Eine Trennung des Kunstunterrichts und des künstlerischen Werkunterrichts scheint heute nicht mehr möglich, seit der technikbezogene Werkunterricht losgelöst wurde.

Visuelle Kommunikation Die Bezeichnung *Visuelle Kommunikation* bezieht sich als ästhetisches Verhalten nicht nur auf alte und neue Kunstäußerungen, sondern auf den gesamten Bereich der optischen Information: Illustration, Plakat, Fotografie, Film, Fernsehen und Design.

Künstlerisches Werken Das *künstlerische Werken,* das wir kreatives Werken nennen wollen, ermöglicht dem Kind die unmittelbare Begegnung mit der gestalteten Umwelt und der gestaltbaren Welt durch selbstschöpferisches Tun. Dabei lernt es verschiedene Materialien und ihre Eigenschaften kennen, das Handhaben von Werkzeugen und geeignete Arbeitsverfahren. Seine Erfindungsgabe und Entscheidungsfähigkeit werden gefördert und der rechte Gebrauch der Dinge eingeübt. Der künstlerische Werkunterricht orientiert sich wie der Kunstunterricht an den freien und angewandten Künsten.

Technisches Werken Das *technische Werken* ist ein neues Fachgebiet, das in einem technischen Zeitalter die nötige technische Vorbildung vermitteln hilft, die Kindern die Entwicklung eines technischen Denkens ermöglicht und durch eigenes Tun erproben läßt. Dies war bisher nur in geringem Umfang der Fall, was mit der Verkennung der Bedeutung eines technik-

und arbeitsweltbezogenen Unterrichts zusammenhängt. Hier ist noch vieles nachzuholen, um den Kindern ein elementares Wissen um die Zusammenhänge technischer Probleme zu vermitteln. Solches technisches Bewußtsein ist heute wichtig, um den Fortschritt in Wissenschaft, Wirtschaft und Technik zu sichern. Drei Werkpädagogische Kongresse (Heidelberg 1966, Weinheim 1968, Ludwigsburg 1970) haben diese neue Konzeption grundgelegt.

Basteln

Das *Basteln* erfüllt den Wunsch des Menschen nach Nachahmung, genauer Beobachtung und perfekter Ausführung von vorgegebenen Modellen und Plänen. Der Spielraum für eigene Ideen ist zwar gering, aber dennoch gegeben, da technische Verbesserungen und Veränderungen gefunden werden können.

Kreativitätserziehung

In letzter Zeit spricht man viel von *Kreativitätserziehung*. Diese Bezeichnung hat den Vorteil, daß sie uns nicht auf das bekannte Basteln, Werken, Malen und Zeichnen festlegt, sondern eine fachübergreifende Erziehung ermöglicht. Wir definieren Kreativitätserziehung als die Möglichkeit, jungen Menschen durch selbstschöpferisches Tun zu ihrer ästhetischen, seelischen, geistigen und körperlichen Formung zu verhelfen. In unserem sozialpädagogischen Erziehungsbereich muß der Aspekt der Lebensbewältigung im Vordergrund stehen. Eine *ästhetische Elementarerziehung* (Seitz) oder eine *ästhetische Erziehung* (v. Hentig) gehören zu den traditionellen Bereichen der Elementarerziehung, können aber nicht befriedigend das definieren, was der sozialpädagogische Erziehungsbereich an Anforderungen an uns stellt.

PESTALOZZI: „Die Anschauung ist das allgemeine Fundament aller menschlichen Erkenntnis, allen menschlichen Wollens, allen menschlichen Leidens und Tuns."
„Es ist mir zur Unwidersprechlichkeit klar geworden, um wieviel wahrhafter der Mensch durch das, was er tut, als durch das, was er hört, gebildet wird."

Was wollen wir tun?

Wir wollen Kindern und Jugendlichen zu sie erfüllenden Anschauungen des Lebens verhelfen.
Wir lassen sie ihre Umwelteindrücke verarbeiten.
Wir ermöglichen ihnen in Gestaltung und Spiel ihren Gefühlen Ausdruck zu verleihen.
Wir stärken ihr Selbstvertrauen und ihre Eigenständigkeit.
Wir entfalten und lenken ihre Gestaltungsfähigkeit und Phantasie.
Wir fördern ihre geistige und seelische Entwicklung.
Wir stärken ihr soziales Anpassungs- und Durchsetzungsvermögen.
Wir schulen ihre Sinne fürs Erkennen, Genießen, Beurteilen und Interpretieren. Wir machen sie sensibel.
Wir ermöglichen ihnen die Erfahrung von Lebensfreude durch die befriedigende Erstellung eigener und gemeinschaftlich vollbrachter Werke.
Wir verhelfen ihnen durch zweckfreies Tun zum Kunstverständnis.
Wir führen sie vom passiven Konsumieren zum selbstschöpferischen Tun.
Wir steigern ihr Lebensgefühl und ihre Bindung an die Gemeinschaft.
Wir ermöglichen ihnen neben der sprachlichen die gestaltende Ausdrucksfähigkeit.
Wir bieten ihnen Ausgleich zu Arbeit und Leistungsdruck an.
Wir lassen sie in freiem Spiel mit den Medien erfinden und gestalten.
Wir ermöglichen ihnen Neues, vom Erzieher nicht Vorhergesehenes zu finden. Wir lassen uns überraschen!
Wir schließen bewußt die Möglichkeit von „Versuch und Irrtum" (Konrad Lorenz) ein.
Wir erziehen zur Kreativität. Es geht uns um *das kreative Kind.*

„Wahrnehmung ist die Grundlage aller Erkenntnis" (ARISTOTELES um das Jahr 330 v. Chr.).

Wahrnehmen

Wahrnehmen ist eine geistige Tätigkeit, die prozeßhaft verläuft. Deine fünf Sinne signalisieren dir Eindrücke, die deine Denk- und Vorstellungskraft anregen. Du leistest etwas, indem du viele Reize schnell erfaßt, festhältst und zu einer gegenständlichen oder abstrakten Wahrnehmungsstruktur formst. Das *Wahrnehmungsverhalten* ist an das Heranreifen von körperlichen und psychischen Fähigkeiten gebunden, es unterliegt wie diese einer Entwicklung. Die Einsicht in die Notwendigkeit, eine kindgemäße, individuelle Entwicklung zu ermöglichen, blieb unserem Jahrhundert vorbehalten. In der heutigen erzieherischen Praxis müssen wir diese Einsicht in sinnvollen Schritten verwirklichen, indem wir die Bedingungen so verbessern, daß sie die Forderungen der curricularen Konzepte erfüllen. Entwicklung gründet auf Lernprozessen, sie ereignet sich täglich, solange wir leben. Sie führt zur Verbesserung und Bereicherung der geistig-seelischen Fähigkeiten und ist unwiederholbar. Sie geschieht kontinuierlich in einem komplexen Geflecht von Ursache und Wirkung. Wenn sich vorangegangene Einflüsse ändern, nimmt sie einen anderen Verlauf und führt zu Ergebnissen, die nicht mehr als altersspezifische Eigenart zu bezeichnen sind.

Wahrnehmungsverhalten

Wenn wir dennoch ordnende Prinzipien nach Stufen und Phasen hier anführen, dann tun wir das mit dem Vorbehalt, daß diese Einteilung einer individuellen Entwicklung des Menschen nicht gerecht wird und nur der Anschauung dient.

Entwicklungstabellen

Stufenlehre von O. Tumlierz (1927)

Vorstufe	–	erstes Lebensjahr
erste Stufe	–	frühe Kindheit (2.–5. Lebensjahr)
		erster Übergang (6. Lebensjahr)
zweite Stufe	–	Schulalter (7.–11. Lebensjahr)
		zweiter Übergang (12.–14. Lebensjahr)
dritte Stufe	–	Reifejahre (15. –18. Lebensjahr)
		dritter Übergang (Adoleszenz)

Phasenlehre nach Ch. Bühler (1928)

erste Phase – personale Zentralisation der Antriebe, Erfassung der Dingeinheit (1. Lebensjahr)

zweite Phase – Realisierung von Sinn und Wert in persönlicher Stellungnahme (2.–4. Lebensjahr)

dritte Phase – Einordnung in die Gemeinschaft; Pflicht, Leistung und Arbeit werden wichtig (5.–8. Lebensjahr)

vierte Phase – Wißbegier, Einstellung auf die Realität, Streben nach persönlicher Autonomie, Abhebung des Ich (9.–13. Lebensjahr)

fünfte Phase – Erkenntnis der Wahrheit, Hingabe an das Du (14.–19. Lebensjahr)

Phasenlehre von Kroh (1944)

Erste Stufe: Frühe Kindheit

erste Phase – im Vordergrund biologische Funktionen der Selbsterhaltung (bis zur 5.–8. Woche)

zweite Phase – die jetzt bereits erfolgende Kontaktaufnahme ist durch gefühlshafte Erlebnisse gesteuert. Physiognomische Wahrnehmung (bis Ende des 1. Lebensjahres)

dritte Phase – Erwachen der Intelligenz, Spracherwerb (bis ins 3. Lebensjahr)
Betonter Einschnitt: erste Trotzperiode als Ankündigung der zweiten Stufe.

Zweite Stufe: eigentliche Kindheit

erste Phase – phantastisch-analogisierender Realismus (bis ins 7. Lebensjahr)

zweite Phase – naiver Realismus (bis ins 10. Lebensjahr)

dritte Phase – kritischer Realismus (bis ins 12. Lebensjahr)
betonter Einschnitt: zweite Trotzperiode als Ankündigung der dritten Stufe.

Dritte Stufe: Reifezeit

erste Phase – emotionale Beunruhigung, Wendung nach Innen (nur schwer von der vorausgegangenen Übergangszeit zu trennen).

zweite Phase – Übernahme fester Einstellungen und Standpunkte, Suche nach Vorbildern, Schwärmerei und Idealismus.

dritte Phase – erneute Umweltzuwendung, Hineinwachsen in die endgültige Lebensform.

Spielaltertheorie nach H. Haven (1970):

Man sollte diese als wichtige Hilfe bei der Überlegung nach Spielinhalt und -form berücksichtigen.

1. Spielalter – Kindergarten, 1. bis 2. Grundschuljahr
2. Spielalter – 2. bis 6. Grundschuljahr
3. Spielalter – 7. bis 10. Schuljahr.

Lexikon der Pädagogik:
„In der Regel werden drei Bildungs- oder Schulstufen unterschieden.
Die erste Stufe umfaßt das Vor- und Grundschulalter,
die zweite Stufe reicht bis zum 10. Schuljahr,
die dritte Stufe deckt sich mit der Oberstufe der Gymnasien."

Entwicklung kindlicher Darstellungs- und Gestaltungsweisen

Erste Phase kindlichen Schaffens

Erste Phase kindlichen Schaffens

So fängt es an: Kritzeln, Klecksen, Kneten, erste Spuren des Menschen.
Das Kind kommt aus eigenem Antrieb zum Zeichnen, Malen und Gestalten. Schon mit zwei Jahren wird es sich bildhaft ausdrücken können und wollen. Ist es zunächst Neugierde und Erkundungsfreude, die das Kleinkind erste Erfahrungen sammeln läßt, so wird es sich bald gerne gezielt mit den gefundenen Mitteln beschäftigen. Der Erzieher soll dieses Bemühen des Kindes unterstützen, indem er frühzeitig, aber ohne Zwang anzuwenden, geeignetes Material anbietet und ausreichend Spielräume schafft. Kleine Kinder brauchen viel Papier, da sie im allgemeinen spontan und schnell arbeiten.

Sinn dieser frühkindlichen Tätigkeit sind die Erprobung des Materials, Bewegungsübungen, Übung der Sinne. Das Kleinkind arbeitet aus dem ganzen Arm, schwunghaft. Es entstehen Kritzeleien, Kreise, Urgebilde. Man unterscheidet Kreis- und Kreuzkritzeln *(Urkreis* und *Urkreuz)*, Zick-Zack-Spuren, Hiebkritzeln, Kritzelspuren, die sich nach Entwicklungsstand des Kindes verändern (s. Abb. 1). Oft geht dabei sogar die Mal- und Zeichenunterlage kaputt. Doch das Kind empfindet Freude über die sichtbar werdenden ersten Spuren.

Erste Darstellung
Benennung

Aus diesen Kreisen und Kreuzen werden erste *Darstellungen*. Das Kind unterlegt seinen Kreis- und Kreuzgebilden einen Sinn, es benennt sie. Der Erzieher notiert sich die im Gespräch mit dem Kind gewonnene Information. Das Kind

Urkreis
Urkreuz
etwa
2. Lebens-
jahr

Spirale mit
Schwerpunkt
Zickzack-
strecke
etwa
3. Lebensjahr

Kastenspirale
Zickzackspirale
etwa
3. Lebensjahr

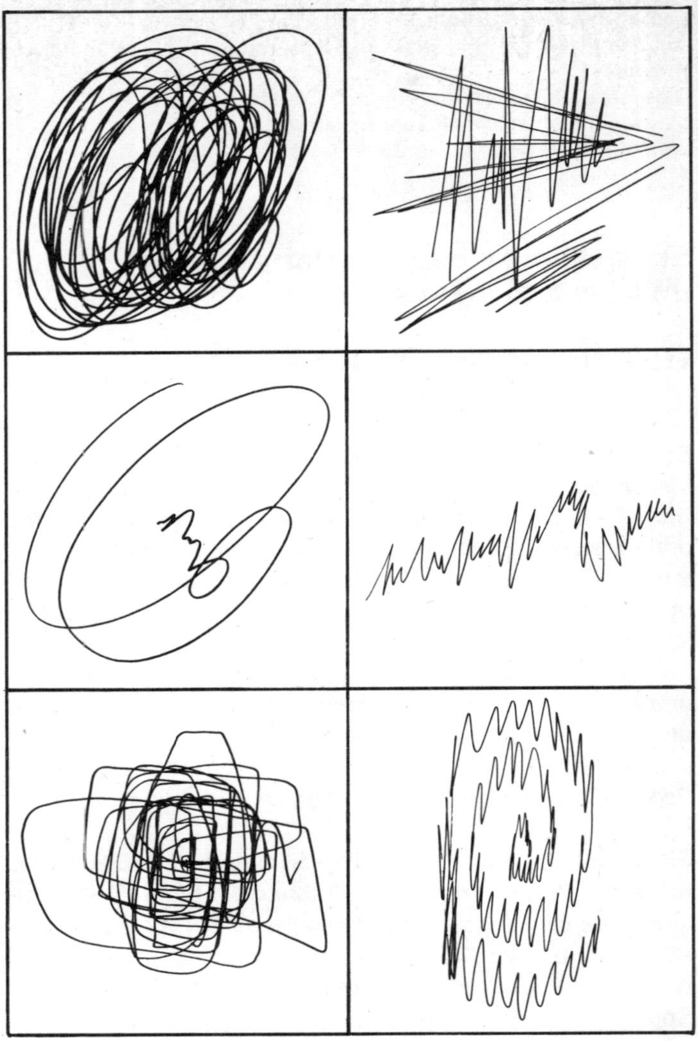

Abb. 1a **Charakteristische, hier schematisierte Darstellungsform der kindlichen Zeichenentwicklung**

Kopffüßler
etwa
4. Lebensjahr

Abb. 1b

wechselt nämlich zunächst vielfach die Bezeichnung für ein und dasselbe Gebilde. Dabei soll sich der Erzieher mit seinen Äußerungen behutsam zurückhalten, das Kind nicht durch vorschnelle Äußerungen falscher Assoziationen enttäuschen, wenn es sich bemüht hat, z. B. aus zwei Kreisgebilden ein Auto darzustellen, das der Erwachsene eher geneigt wäre als Fahrrad oder dergleichen zu bezeichnen. Aus der sich oft zufällig ergebenden Verbindung der Kreis- und Kreuzspuren wird dann alles dargestellt, was dem Kind wichtig erscheint.

Seine zeichnerische Weiterentwicklung, ab dem vierten Lebensjahr etwa, ist dadurch gekennzeichnet, daß es seinen Linien bestimmte Richtungen zuweist. Mit der aufgerichteten und weggerichteten Linie, der die Erfindung der umschließenden Linie bald folgt, ist das Kind in der Lage, die ersten einfachen Baum-, Tier- und Menschendarstellungen zu leisten. So zeichnet es z. B. einen Kreis und zwei Striche daran, es meint Kopf und Beine. Die Darstellung solcher ersten Menschenbilder nennen wir *Kopffüßler*. Der Mensch wird zunächst nur von vorne gezeigt. Aus dem Kreis oder den Beinstrichen wachsen dann waagrechte Striche heraus, die Arme. Dieses Bild differenziert sich durch hakenförmige Abbiegungen der Beinstriche zu Füßen; an die Armstriche kommen

Mensch
Tier
Baum

Aufgerichtete und weg-gerichtete Linie

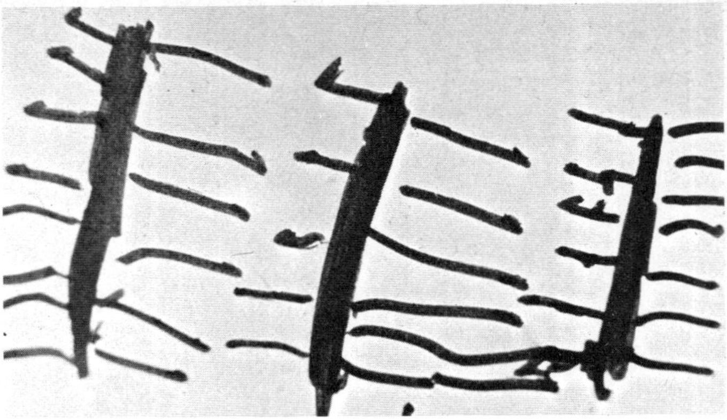

Abb. 2

„Winterbäume“, Mädchen 4,1

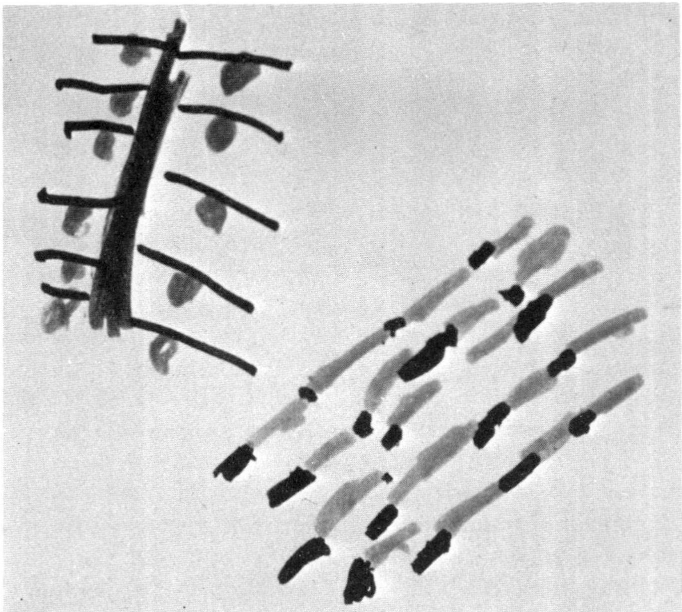

Abb. 3

„Baum und Rübenfeld“, Mädchen 4,1

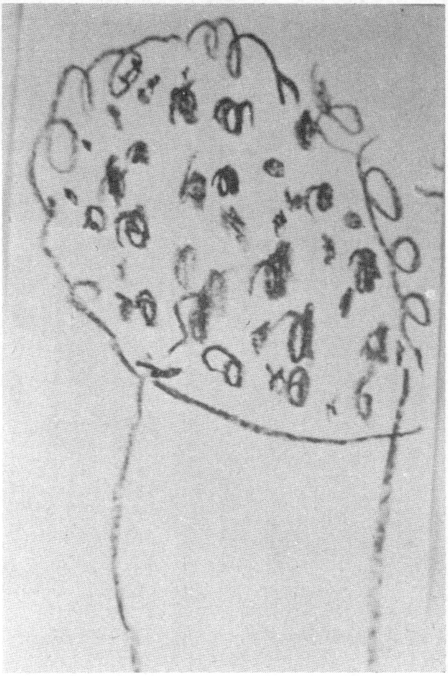

Abb. 4

„Belaubter Baum", Junge 4,6

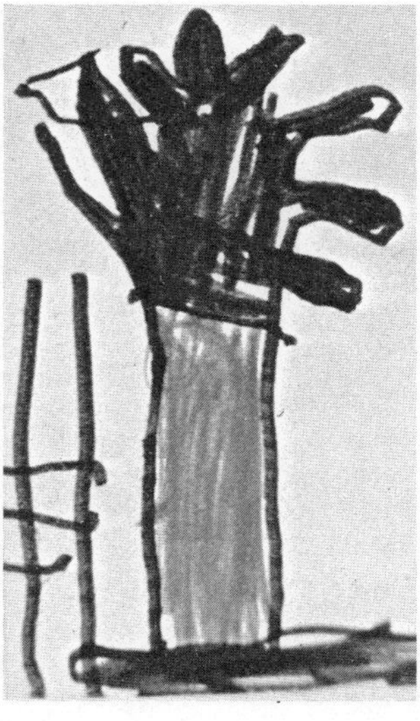

Abb. 5

„Baum mit kräftigen Ästen", Mädchen 4,8

Abb. 6

„Geist und Mensch", Mädchen 4,5
Formale Differenzierung für unterschiedliche Aussage

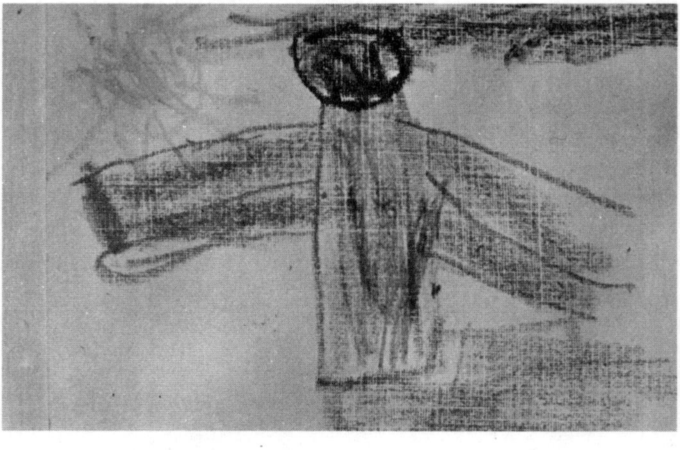

Abb. 7

„Engel", Junge 4,6

kleine Striche, die Finger. Die Anzahl der Finger spielt noch keine Rolle. Erst später wird eine Fläche zwischen den Beinstrichen abgegrenzt, dadurch entsteht der Körper. Zwischen Arm- und Fingerstrichen treten gleichermaßen Kreisformen, die Handflächen. Der Körper wird auch als große Kreisform zwischen Kopf und Beine gesetzt.

Abb. 8

„Wolf“, Mädchen 4,5

Dem Menschenbild tritt das Tierbild zur Seite, das sich als Seitenansicht profiliert. Das Tier wird zunächst menschlich gesehen mit Kopf, Leib und Beinen. Der Leib wird meist waagrecht dargestellt. Vermehrte Beinstriche fügen sich an. Auf diese Weise werden nicht nur Hund und Katze, sondern auch Vögel dargestellt, die nicht selten sogar vier und mehr Beine haben (Vögel sind auch Tiere!). Sogar fliegende Vögel haben Beine.

Abb. 9

„Schwein“, Mädchen 4,8

Wie kommt das zustande? Ganz einfach, das Kind stellt nicht dar, was es vor sich sieht, sondern das, was es weiß. Um einen möglichst großen Schatz an Wahrnehmungen zu sammeln, ist es für das Kind notwendig, durch Schauen, Anfassen, Besprechen und Vergleichen das Aufnehmen von vielseitigen Eindrücken zu vermitteln. Nur so wird eine Projektion nach außen im Bild möglich. Darum gibt es auch für das Kind kein „falsch“ und „richtig“. Das Kind hat seine eigene Logik, die ihm die Dinge richtig erscheinen läßt, wie es sie weiß. So kommt z. B. der Arm waagrecht aus dem Bein, solange es noch keinen Körper darstellen kann; oder es sitzt der Kamin schief auf dem Dach, nämlich senkrecht auf der Dachschräge (siehe Standlinienbild und Simultanbild).

Abb. 10

„Mädchen mit Zöpfen", Junge 4,5

Schmücken

Mit zunehmender Entwicklung wird das Kind sein Menschenbild weiter ausbauen und schmücken. Striche über dem Kopf sind Haare, Attribute wie Spazierstock, Pfeife und Hut oder Mütze kommen dazu. Zopf und Schleife kennzeichnen unter Umständen weibliche Personen. Die Figur wird im Aufbau differenziert: Das Kind entwickelt das Menschenbild von der gerichteten Linie zur umschließenden Linie. Es stellt dadurch Volumen durch Fläche dar, ein Dreieck z. B. bezeichnet den Rock der Mutter. Dreiecke, Vierecke und Kreise werden in der Darstellung des Leibes abwechseln oder sich vereinen. Punkte und kleine Kreise werden als Schmuck in diese Formen eingetragen, ein Kleidungsstück wird z. B. plötzlich kariert. Arme und Beine entwickeln sich aus der Strichdarstellung zu länglichen Vierecken, an die Hände, Finger, Füße und Zehen angesetzt werden. Ein derart vielfältiges, geschmücktes Menschenbild wird heute allgemein beim schulreifen Kind vorausgesetzt.

Differenzieren

Abb. 11

„Meine Mami", Junge 6,10

Neben die bisher geschilderte Menschenansicht von vorne tritt etwa ab dem 5.–6. Lebensjahr eine weitere charakteristische Darstellungsweise: die Profilansicht. Das Kind entdeckt in dieser Seitenansicht eine weitere Möglichkeit, den Menschen noch genauer zu kennzeichnen. Dabei zeigt es sein Wissen in einer dem Simultanbild (s. u.) verwandten Weise, indem es auch in das Profil zwei Augen in Vorderansicht wiedergibt. Für die Darstellung nur eines Auges fehlt dem Kind zunächst noch das Verständnis. Im Zuge der zunehmenden Realitätsbewältigung findet das Kind zum Profil mit einem Auge, wobei die alte Vorderansicht des Auges noch beibehalten wird.

Profilansicht

Betrachten wir noch eine andere Entwicklungsreihe: die kindliche „Perspektive", Fläche, Raum und Szenendarstellung. Zunächst ist der Mensch das Ziel kindlich-darstellerischen Bemühens. Dabei wird das, was dem Kind wichtig erscheint groß, was unwichtig oder weniger wichtig erscheint, weggelassen oder klein dargestellt. Das ist die kindliche „Perspektive", die eine auffällige Parallele zu bildlichen Darstellungen des frühen Mittelalters und der Romanik hat. Ungeniert malt und zeichnet das Kind auf der *Fläche* seine Gegenstände so, daß es sie wie ungeordnet wahllos verteilt und reiht. Dadurch entsteht eine Ansammlung von Gegenständen, die wie zufällig hingestreut erscheint. Daher nennt man diese frühkindliche Darstellungsweise Streubild, in dem es noch keine an der Wirklichkeit orientierten Zusammenhänge gibt. Ähnlich ungeniert begegnet das Kind dem Raum, da es noch keine Vorstellung von ihm hat. Für das Kind bedeutet das Zeichenblatt Raum.

Perspektive

Streubild

Nachdem ihm das Menschenbild in groben Zügen geläufig wurde, ist es plötzlich interessiert, auch die Handlung darzustellen, z. B. der Vater putzt das Auto. Die Szenen werden so angelegt, daß jeweils am unteren Rand des Zeichenblattes eine Bodenlinie angebracht wird, auf der alles steht. Diese hat meist die Farbe grün. Bilder dieser Art nennt man Standlinienbilder. Oben wird das Bild von der Himmelslinie begrenzt, die meist in strahlendem Blau gegeben ist, auch wenn darunter Wolken hängen oder es gar regnet. (Darüber ist der Himmel immer blau! Ein Beispiel für die kindliche Logik.) Fast unvermeidlich scheint das Sonnenzeichen zu sein und es wird dem Erzieher schwerfallen, die Kinder von

Standlinienbild

Abb. 12

„Blumenteppich“, farbiger Pappdruck auf Rupfen
Hort

Streubild

Abb. 13

„Ein Engel geht im Schnee spazieren“,
Mädchen 4,5

Standlinienbild

Abb. 14

„Kind mit Puppenwagen“, Mädchen 7
Standlinienbild

diesem stereotyp wiederkehrenden Zeichen abzubringen, das die Kinder meist mit viel Liebe, Sorgfalt und auch Humor ausgestalten. „Die Blumen brauchen doch die Sonne, um zu wachsen“, ist das schlagende Argument, einen diesbezüglichen Versuch des Erziehers zu entkräften. Das Kind gestaltet hier ein kleines Welttheater, seine Welt funktioniert. Auch Mond und Sterne können hinzutreten. So konsequent verfuhr ein Kind, das auf alle Bilder Sonne, Mond und Sterne malte. Herrlich! Vielleicht sollte der Erzieher nur darauf sehen, daß nicht gedankenlos Zeichen übernommen werden. Interessant ist bei dieser Anordnung des Standlinienbildes, daß das Kind noch keinen Hintergrund kennt und den großen mittleren Bereich seines Bildes weitgehend unbemalt läßt. Aus kindlicher Sicht stellt dieser Bereich logischerweise die Luft dar.

Abb. 15

„Häuser am See“, Aufklappbild oder Simultanbild, Kindergarten

Simultanbild Eine weiterentwickelte Form des Szenenbildes ist das Simultanbild. Hier versucht das Kind, seinen Darstellungsbedürfnissen entsprechend, mehrere Ansichten oder Raumgebilde in eine Darstellung hineinzupacken. Ein Platz, um den Häuser stehen, wird so gegeben, daß die Häuser nach allen Seiten auf den Umrißlinien des Platzes stehen, nach unten und nach den Seiten auch. Man könnte so ein Bild auch „Aufklappbild“ nennen. Beim Zeichnen dreht das Kind das Blatt einfach um. Eine weitere Stufe, auf der die Kinder sehr

Röntgenbild produktiv sind, ist das Röntgenbild. Eine derartige Darstellung zeigt in einem, wie ein Gegenstand von außen und von innen aussieht, z. B. das Haus mit seinen Stockwerken und Räumen. Es wird auch gezeigt, was darin ist und sich dort abspielt.

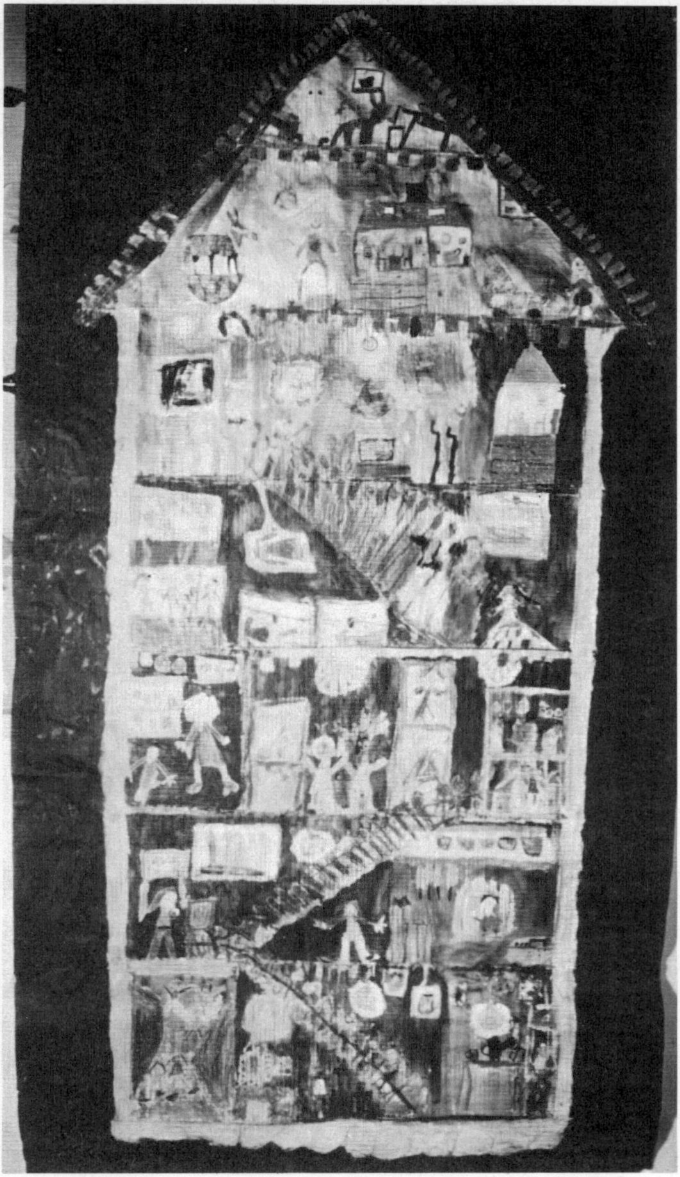

Abb. 16

„Bewohntes Haus“
Röntgenbild, Kindergarten, 6 Jahre
Absprengtechnik

Bewegungsdarstellung

Erinnere dich an unsere erste Reihe der zeichnerischen Entwicklung: wir nannten dir das Kreis-, Kreuz- und Hiebkritzeln und erwähnten die schwunghafte Bewegung dieses Vorgangs. Hier findet die erste Darstellung einer Bewegung statt, der Eigenbewegung. Diese geht dem Kind leider nach und nach verloren. Durch disziplinierende Maßnahmen in Elternhaus und Kindergarten verlieren die Kinder diesen spontanen Bewegungsausdruck, ihre Darstellungen bekommen eine verkrampfte Steifheit. Wie hilft sich das Kind in dieser Situation? Die Bewegung der dargestellten Menschen und Tiere wird nur mehr in der Aussage der Kinder durch Benennung vermittelt. Ansätze zur Darstellung dieser Fremdbewegung werden durch die Ausrichtung von Füßen und Armen nach einer Seite hin sichtbar. Weitere Möglichkeiten der Bewegungsschilderungen durch Striche, z. B. hinter einer rollenden Tonne, und der Aufteilung einer Bewegung in Einzeldarstellungen, die wir als Mehrphasenbild bezeichnen möchten. Die Beliebtheit der Comic-strips mag von hier aus ihre Erklärung finden.

Mehrphasenbild

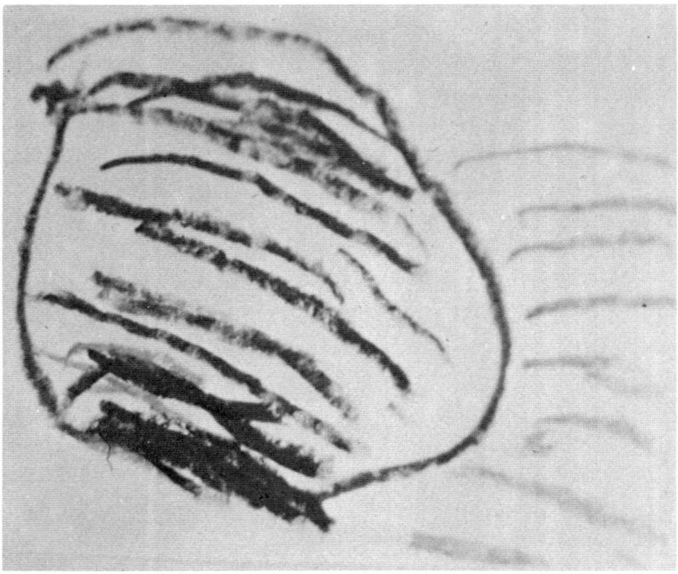

Abb. 17a

„Rollende Tonne“, Mädchen 4,11
Bewegungsdarstellung

Abb. 17b1

Abb. 17b2

Abb. 17b3

„Hahnenkampf“, 7–10jährige Kinder
Beispiel für die sich entwickelnde Fähigkeit, Bewegung auszudrücken

Abb. 17c

„Tänzerin“, Mädchen 9,4
Bewegungsdarstellung

Die bislang umrissene kindliche Schaffensperiode kann sich bis zum 8. oder 9. Lebensjahr hinziehen. Man kann diese Periode schwer nach einzelnen Jahren unterteilen, da die Praxis zwar eine gewisse Gesetzmäßigkeit der zeitlichen Aufeinanderfolge erkennen läßt, doch von Kind zu Kind große individuelle Entwicklungsunterschiede bestehen. Im „Bildschaffen des Kindes" zeigt es sich, ob ein Kind früh gefördert wurde und durch jahrelange Übungen Sicherheit gewonnen hat. Doch steht auch fest, daß ein gesundes Kind, wenn es erst später mit Materialien und Malweisen vertraut gemacht wird, die andere Kinder schon kennen, schnell über die Anfangsversuche hinausgelangt und den Anschluß an die altersgemäße Darstellungsart findet.

Im Bereich farbigen und dreidimensionalen Gestaltens geht das Kind ähnliche Wege. So wie die zeichnerische Entwicklung mit der Kritzelstufe begann, so beginnt die malerische mit dem Erproben der Farbe im Klecksen und die dreidimensionale Gestaltung mit dem Zerdrücken und Zupfen einer leicht formbaren Masse (Plastilin, Ton) im Kneten und Modellieren. Das Kind wird beide Materialien genauso konsequent weiterentwickeln, um zu Darstellungen von Menschen, Tieren und räumlichen Szenen zu kommen. Hier

Klecksen

Kneten

Abb. 18

Großflächiges Klecksen mit Fingerfarbe, Kindergarten

kann beobachtet werden, daß das Kind viel Platz braucht, um sich entfalten zu können. Alles, was das Kind an Material erreichen kann, wird dazu verwendet, seine Welt und die Dinge seiner Umgebung und seines Interesses zu verwirklichen. Dabei wird der Erzieher, der gewohnt ist, immer alles säuberlich getrennt anzubieten, in Schwierigkeiten geraten. Hier wird geschnitten, gezeichnet, gemalt, bemalt, geklebt, beklebt, geknetet und gebaut, wie es gerade kommt.

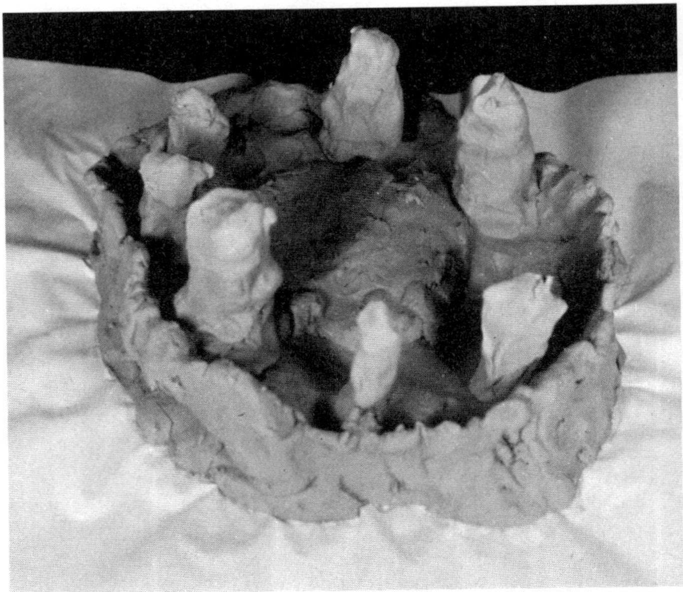

Abb. 19

„Burg“, Junge 5
aus elementarem Modellieren hervorgegangen

Zweite Phase kindlichen Schaffens

Zweite Phase kindlichen Schaffens

Etwa vom achten Lebensjahr an verläßt das Kind die magische Phase spontanen Schaffens*. Das Kind möchte die Dinge in ihrer vollen Realität in den Griff bekommen. Dieser neuen Situation steht es zunächst meist hilflos und alleingelassen gegenüber. Hier müssen wir als Erzieher uns darüber klar sein, wie wir einerseits den wachsenden gestalterischen Bedürfnissen der Kinder mit einem *verstärkten Ideen- und Materialangebot* gerecht werden und wie wir andererseits die jetzt beginnenden unterschiedlichen Ansprüche der Jungen und Mädchen, deren Interessen sich geschlechtsspezifisch differenzieren, mit einem gemeinsamen Thema und einem von dir vorgegebenen Material noch befriedigen können. Die Kinder beginnen, in verschiedene Rollen hineinzuwachsen. Nicht du führst ein Rollendenken ein! Die Kinder drängen sich in die von der Gesellschaft auferlegte Rolle. Du kannst helfen, daß sie eine ihnen gemäße finden. Indem du sie zu einem Bildschaffen motivierst, das ihrem neuen Interesse an Arbeits-, Zeit- und Handlungsabläufen, Willensbekundung, technisch funktionierenden Zusammenhängen und Ordnung entgegenkommt, hilfst du ihnen über ihre Unsicherheiten hinweg. Der fertige Gegenstand, das „Produkt", das zielstrebig erarbeitet wurde, wird jetzt wichtig, weil es den erwachenden Leistungswillen befriedigt und Kraft und Fähigkeit zur Geduld, Genauigkeit, Bestimmung der Farben und Formen, Einhaltung der gestellten Aufgabe und Entwicklung der Phantasie abfordert. Wecke die Neugierde darauf, „ob man wohl etwas Schwereres auch kann?" Dabei spürst du sicherlich, wieviel psychologisches Fein- und Verantwortungsgefühl dir abverlangt wird, denn:

Überzieht der Erzieher seine Ansprüche, kann er auch Entmutigungen auf dem bildnerischen Gebiet erzeugen, die womöglich ein Leben lang anhalten. Horchen wir einmal unter Erwachsenen umher, und wir werden erschrecken über die Großzahl der pädagogischen Sünden, die da begangen worden sind. Wenn wir jedoch geschickt die Erwar-

---

* Die Kinder in der Sowjetunion bleiben z. B. bis einschließlich ihrem siebenten Lebensjahr im Kindergarten.

tungen der Kinder mit den notwendigen Erziehungszielen, die heute in Curricula und Rahmenplänen aufgezeigt sind, verbinden, werden wir bis in die Pubertätsphase hinein eine wertvolle Lebenshilfe bieten.

Prognosen für spezielle künstlerische Begabungen lassen sich mit Sicherheit erst nach der Pubertät stellen. Für das Kindesalter ist Vorsicht und Zurückhaltung in dieser Richtung am Platze. Ein echter Kunstunterricht, eine Erziehung zur Kunst, kann erst nach der Pubertät einsetzen.

Äußerungen Über die Äußerungen der Kinder dieser Altersstufe müssen wir uns jetzt unterhalten. Auf optisch-ästhetischem, gesellschaftlich-sozialem Gebiet und dem der persönlichen Leistung als einzelner und in der Gruppe entwickeln die Kinder der zweiten Schaffensperiode nämlich ganz bestimmte Seh- und Verhaltensweisen.

Diese äußern sich beim Zeichnen und Malen in dem Bemühen um die Darstellung des Raumes und der Figur durch neue, charakteristische Darstellungsweisen:

Abb. 20

„Kater fängt Fische“, Junge 8
beachte die Form des Aquariums

Schrägbild Im sogenannten Schrägbild, in dem das Kind versucht, den realen Raum in seiner Tiefe und Schichtung darzustellen, entwickelt sich eine Art Perspektive, die dazu dienen soll, alles Vorhandene in einer räumlich-logischen Ordnung sichtbar zu machen. Hierbei stößt das achtjährige Kind auf

Schwierigkeiten, unter denen es ausgesprochen leiden kann und die es deshalb zu überspielen versucht. Bäume einer Allee z. B. wachsen solange senkrecht, wie die Straße parallel zum unteren Bildrand verläuft. In der Kurve aber werden sie seitlich weggeklappt, wie es das jüngere Kind beim Standlinienbild gemacht hat. Oder: bei der Darstellung des Hauses führt es jetzt die Seitenansicht schräg von der Giebelansicht nach oben, um Bildtiefe anzudeuten.

Luftbild

Im Luftbild wird, wie auf einem Stadtplan, das Gefüge der Straßen und Plätze von oben gesehen und formatfüllend über das ganze Zeichenblatt verteilt. In die dazwischenliegenden Flächen werden Gebäude, Menschen, Tiere, Autos und Bäume in ihrer typischen Seitenansicht eingezeichnet. Das gleiche Darstellungsprinzip wenden die Kinder bei Landschaften und Gewässern an.

Horizontbild

Das Standlinienbild wird in der zweiten Schaffensphase weiterentwickelt zum Horizontbild. Himmel und Erde stoßen an einer waagrecht über das Bild verlaufenden Linie, dem Horizont, zusammen. Die dadurch entstehenden Flächen können wie das Schrägbild und Luftbild weiterbehandelt werden. Die Horizontlinie mußt du dir jedoch nicht als eine Gerade vorstellen, sondern als eine lebendige, von der dargestellten Landschaft her bestimmte Linie.

Mehrstreifenbild

Beim sogenannten Mehrstreifenbild wird die Zeichen- oder Malfläche in mehrere Streifen aufgeteilt. Für die Darstellung eines Gegenstandes aus verschiedenen Ansichten oder eines Szenenablaufes oder der ganzen Reichhaltigkeit eines Motivs benötigt das Kind jetzt mehr „Boden". Dieses Prinzip ist uns aus der Kunstgeschichte bekannt. Denke z. B. an die Reliefs ägyptischer Tempel oder an die biblischen Geschichten und Illustrationen des frühen Mittelalters. Wir erkennen es heute wieder in Comics, vielbildrigen Ansichtskarten und Prospekten.

Mischbild

Dieser hier angebotene Überblick charakteristischer Darstellungsweisen darf nicht zu falschen Vorstellungen führen: In der Praxis wird man sie meist als Mischbilder kennenlernen. Durch Anspruchssteigerung gegenüber der Umwelterfassung haben sie sich aus der frühkindlichen Sehweise vielfältig entwickelt. Außerdem wird man sie innerhalb einer Entwicklung immer als ein Übergangsstadium empfinden.

Abb. 21

„Straßenkreuzung mit Zusammenstoß"
Luftbild, Mädchen 10,6

Abb. 21 b

„Rummelplatz"
Luftbild, Junge 8,5

Abb. 22

„Landschaft mit Allee",
Horizontbild und Simultanbild gemischt, Mädchen 8,11

Abb. 23

„Lok fährt durch Landschaft"
Mehrstreifenbild, Hortkind

Abb. 24

„Häuser an einer Straßenkreuzung“, Mädchen 12,11
Mischbild der kritisch-realistischen Phase

Abb. 25

„Bäume“, Junge 8,11
Räumlichkeit (Blätter vor dem Stamm) und
Standlinienbild gemischt

Entwicklung vollzieht sich kontinuierlich weiter. Das Kind wird immer kritischer in bezug auf die Umwelt und seine eigenen Möglichkeiten, diese darzustellen. Es vollzieht sich schrittweise ein Übergang von einem naiv-realistischen zu einem kritisch-realistischen Gestalten: das Kind möchte seine Umwelt naturgetreu mit allen von ihm erkannten Zusammenhängen und Funktionen wiedergeben. Dazu ist es von sich aus nicht in der Lage. Das Kind vergleicht kritisch die Wirklichkeit mit den Ergebnissen seines eigenen schöpferischen Tuns, erkennt deren Unzulänglichkeit und wird unzufrieden. Damit dieser Zustand nicht zu einer bleibenden Entmutigung führt, braucht das Kind einen für seine Situation verständnisvollen Erzieher. Dieser hat hier seine große Chance: Er muß den schöpferischen Willen der Kinder über diese krisenhafte Stufe des erwachenden Bewußtseins hinwegretten. Wo das nicht geschieht, siegt die Unlust zum Zeichnen, Malen und Gestalten, „da man es ja doch nicht kann". Es findet keine Weiterbildung mehr statt. Bei dem in seiner Unsicherheit alleingelassenen Kind wird das gegenständliche Gestaltungsvermögen „eingefroren".

kritisch-realistisches Gestalten

Im dreidimensional-plastischen Bereich geht das Kind in dem Bestreben, seine Umwelt immer genauer kennenzulernen, deren Zusammenhänge und Abhängigkeiten funktional zu erfassen, ihre Problematik zu durchschauen, zu klären und zu verbalisieren ähnliche Wege. Auch hier stößt das Kind schnell an Grenzen, auch hier wird es in seinem sich steigernden kritischen Bewußtsein allein gelassen, wenn es nicht verständnisvolle Erzieher findet, die ihm Wege öffnen, neue Möglichkeiten aufzeigen und es entsprechendes Material finden lassen, um seinen immer anspruchsvoller werdenden Betätigungs- und Forschungsdrang frei entfalten zu können. Die vom Vater aufgebaute elektrische Eisenbahnanlage z. B., die in ihrer technischen Kompliziertheit und realistischen Ausgestaltung vorgegeben ist, drängt das Kind in die Rolle des Handlangers, die es nicht befriedigen und fördern kann. Um wieviel mehr kommt da nicht ein alter Wecker, ein durchdachter Technik-Baukasten den selbstschöpferischen Bedürfnissen der Kinder entgegen.

„Wahrnehmen" und „Kreativität"

„Informationsmuster erzeugen Resonanzen und Interferenzen; aus sich heraus können diese ein neues, originales Informationsmuster – einen neuen Sinninhalt, schöpferische Idee – erzeugen." (F. Vester)

„Je mehr Eindrücke wir speichern, desto eher melden sich Gedankenverbindungen." (F. Vester)

„Wer viel erlebt, dem wird mehr einfallen." (F. Vester)

„Die Aktivierung der Phantasie und des Vorstellungsvermögens erhält ihre große Bedeutung vor allem im Hinblick auf einengendes, passives Konsumverhalten, dem die Befriedigung eigener Bedürfnisse (Genußfähigkeit) durch Gestalten und Erkennen, durch Agieren, Spielen und Experimentieren entgegenzusetzen ist." (G. Kaiser)

„Das Bedürfnis nach Neuem scheint eine Basismotivation des Menschen zu sein, die man auch schon im Tierreich vorfindet. Das Bedürfnis, neue Reize zu erfahren, sorgt von allem Anfang für die geistige Entwicklung des Kindes." (Oerter)

„Die Suche nach Neuem führt zwangsläufig zu origineller Produktion!" (Oerter)

„Der Kreative weicht immer zugleich von der Norm ab." (Oerter)

„Das allgemeine biologische Prinzip, das auch für Kreativität bestimmend ist, ist das der Selbstverdoppelung (Gutmann, in: Mooney & Razik, 1967); nach der Teilung teilt sich der DNS-Strang wieder zu einem Doppelmolekül auf." (Oerter)

„In jedem Kind steckt der Drang zu schöpferischem Tun." (Ch. Morgenstern)

„Das kreative Produkt ist neu und ungewöhnlich." (Ulmann)

„Je höher spezialisiert und je repressiver eine Gesellschaft ist, desto mehr braucht sie die Kunst als ein Gebiet für sich, als einen Ort, in dem das Ganze noch geborgen ist, einen Platz für die Gefühle, einen Platz für das Lernen." (G. B. Leonard)

„Aktivität, die sich nur in eingefahrenen Bahnen bewegt, ist nicht kreativ".

„Man kann von fast allen Menschen kreative Akte, wie schwach oder wie selten auch immer, erwarten." (Guilford)

„Gemeint ist nichts weiter als die fortgesetzte Fähigkeit, Neues, nämlich sowohl Abweichendes wie Unberechenbares zu schaffen." (v. Hentig)

„Kreative Prozesse sind Veränderungsprozesse." (Ulmann)

„Kreatives Verhalten ist intelligentes Verhalten, hat also gerade nicht Ausgleichsfunktion gegenüber angestrengter Intellektualität, wie eine von der Kulturkritik infizierte und besonders eine sich als Musische Bildung verstehende Kunstpädagogik annahm." (Ebert)

„Der intelligente Mensch erkennt Zusammenhänge, der kreative Mensch erkennt neue Zusammenhänge. Er entwickelt sie." (zitiert bei G. Wollschläger, Kreativität und Gesellschaft)

„Kreativität ist nicht ex nihilo voraussetzbar, aber erlernbar!" (Pfennig)

„Die Produktion von neuen oder originellen Elementen verläuft infolge der verminderten Steuerung oft ohne Ordnung, in chaotischem Durcheinander. Gerade der anfängliche Verzicht auf Ordnung scheint aber für kreative Leistungen unentbehrlich zu sein." (R. Oerter)

„Unter Kreativität kann man den Bedingungskomplex für Leistungen verstehen, die neu (originell) und demzufolge selten sind und die eine Bereicherung für Gesellschaft und Kultur darstellen." (Oerter)

„Schöpferische Leistungen werden nicht nur in Ausnahmesituationen gebraucht, sie sind auch im Alltag nötig." (Oerter)

„In vielen Fällen bedeutet schon das Sehen eines Problems eine kreative Leistung." (Oerter)

„Nur Produkte, die der Gesellschaft dienen, die eine Kultur weiterentwickeln, sind vordringlich. Kein Wunder, wenn sich heute die Wirtschaft für Kreativität und ihre Förderung zu interessieren beginnt." (Oerter)

Abb. 26

„Kreativität ist die Fähigkeit des Menschen, Denkergebnisse beliebiger Art hervorzubringen, die im wesentlichen neu sind und demjenigen, der sie hervorgebracht hat, vorher unbekannt waren."
R. Seitz

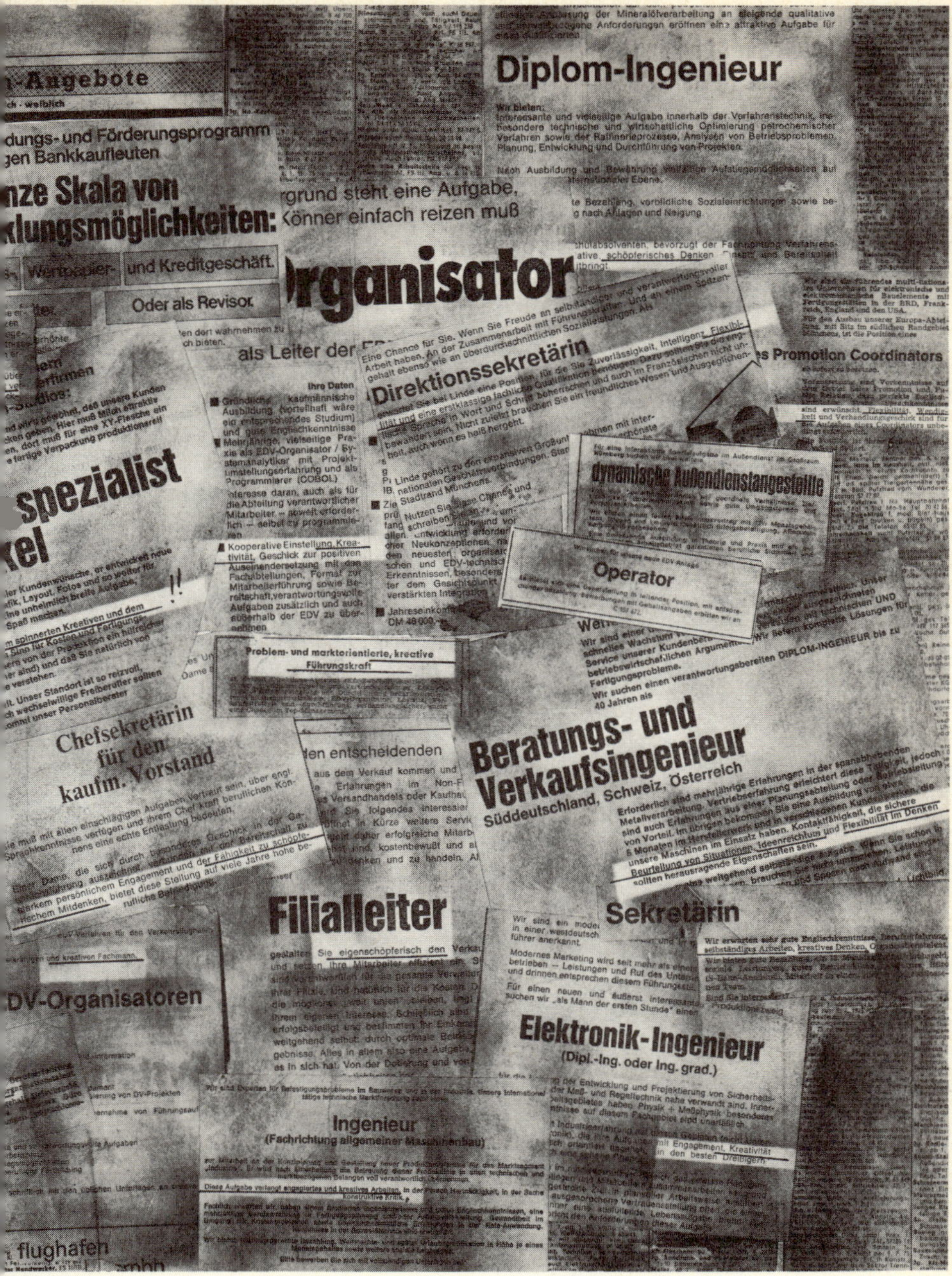
Diplom-Ingenieur
-Angebote
dungs- und Förderungsprogramm
gen Bankkaufleuten
nze Skala von
klungsmöglichkeiten:
rgrund steht eine Aufgabe,
Könner einfach reizen muß
und Kreditgeschäft.
Oder als Revisor.
rganisator
als Leiter der
Direktionssekretärin
Promotion Coordinators
spezialist
dynamische Außendienstangestellte
Operator
Problem- und marktorientierte, kreative Führungskraft
Chefsekretärin für den kaufm. Vorstand
den entscheidenden
Beratungs- und Verkaufsingenieur
Süddeutschland, Schweiz, Österreich
Filialleiter
Sekretärin
DV-Organisatoren
Elektronik-Ingenieur
(Dipl.-Ing. oder Ing. grad.)
Ingenieur
(Fachrichtung allgemeiner Maschinenbau)
flughafen

SUCHE

SUCHE

werde sensibel

Der Aufruf „werde sensibel“ meint nicht das Entwickeln hypochondrischer Verhaltensweisen, sondern zielt auf die elementaren Sinneserfahrungen. Er meint auch die geistig-seelische Haltung des Offenseins für die Aufforderungen und Herausforderungen der Umwelt. Beides zusammen – Sinneserfahrung und die Bereitschaft dazu – macht uns fähig, kritisches und anspruchsvolles Verhalten immer weiter zu entwickeln. Prüfe alles aus deiner Umwelt und wähle das aus, was du für dich selber und deinen erzieherischen Auftrag konstruktiv umsetzen kannst.

Wahrnehmen

Sinnes-erfahrungen	Sieh	Materialien Farben Formen Strukturen Raum und Räumlichkeiten Kontraste Bewegungen
	Höre	Töne Klänge Geräusche Krach Sprache
	Rieche und Schmecke	Angenehmes Unangenehmes
	Taste	Ertaste Betaste

Offenwerden

Offensein für	Umweltverschmutzung Gestaltungsprobleme der Umwelt, wie Städtebau Spielplatzanlage Planung von Schulen und Tagesstätten Demokratisierungsmöglichkeiten Schönes Ästhetisches Humanes Stimmungsentfaltung Stimmungswechsel	**Umwelt**
	Spontaneität Originalität Flexibilität Intuition Motivation Assoziation Konfrontation Abbau von Vorurteilen und Tabus Ausdrucksformen von Sympathie und Antipathie Humor	**Verhaltens- weisen**
	zeitliche Abläufe Vorgänge	**Prozesse**

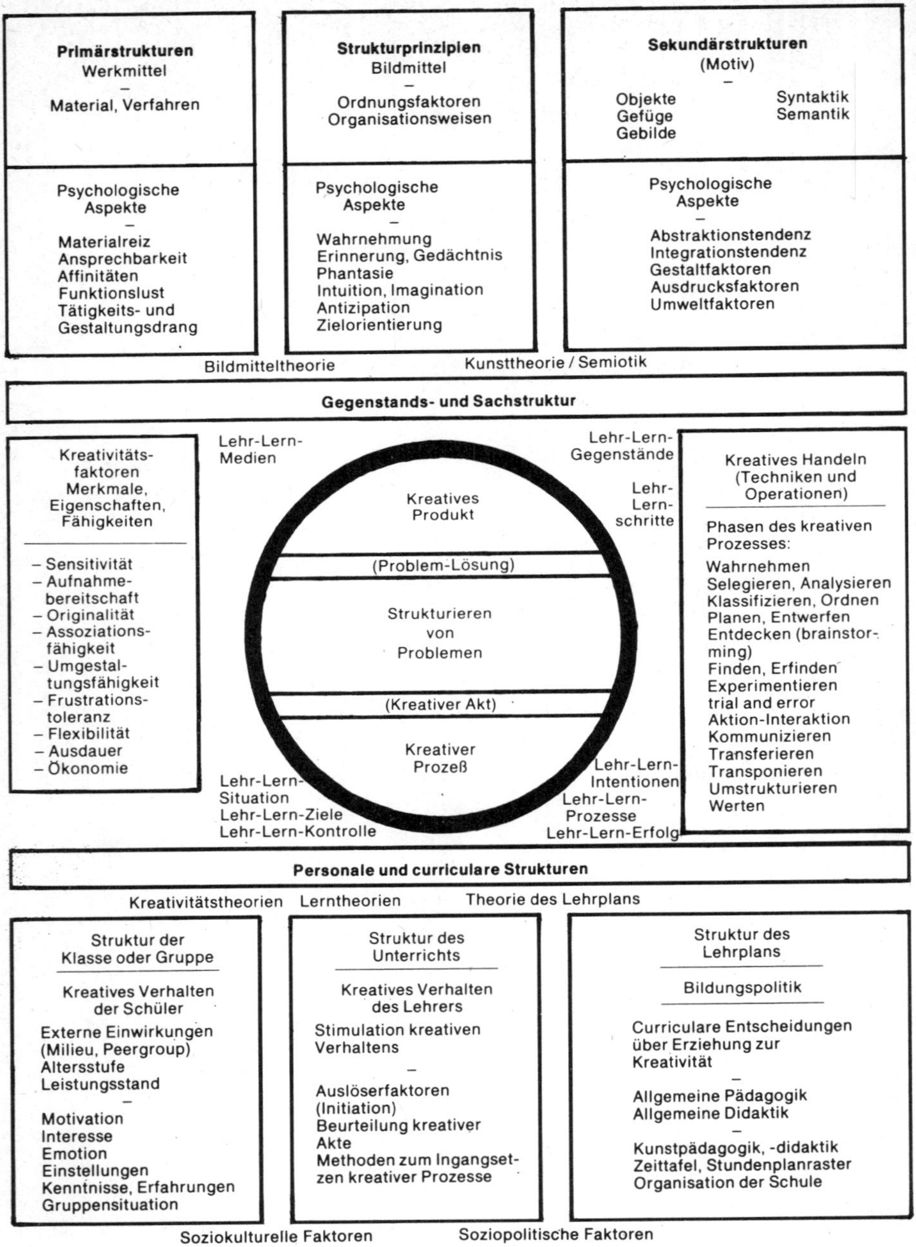

– *Strukturmodell der Kreativitätstheorie* nach W. Ebert –

Schöpferische Bewegung

Nur der kreative und sensible Erzieher ist in der Lage, Kinder und Jugendliche bei der Kreativitätserziehung zu fördern.

Abb. 27

Rhythmische Schwungübungen mit beiden Händen auf großer Fläche

Wir nehmen einen großen Bogen Papier, befestigen ihn auf einem großen Tisch, nehmen ein Stück Kreide oder Zeichenkohle zur Hand und stellen uns locker und gelöst vor den Arbeitstisch. Dabei atmen wir langsam und tief aus und ein. Beginne dann, deine Hand in einer großen, ruhigen Kreisbewegung von dir wegzuführen. Atme dabei bewußt. Vollführe die Bewegung zuerst in der Luft. Versuche sie mit der rechten Hand, mit der linken Hand, zuletzt mit allen beiden Händen auszuführen. Wiederhole diese Bewegung langsam und konzentriert. Du merkst, wie dein ganzer Körper sich mitbewegt. Jetzt senke die Kreide auf das Papier, so daß sie deine Kreisbewegungen aufzeichnet. Beachte dabei, daß nicht nur der Arm kreist, sondern auch das Handgelenk locker diese Kreisbewegung mitmacht.

Du kannst zeichnen!

Das mußt du erleben. Dieses Erlebnis mußt du immer von neuem haben. Aus dieser Bewegung deines ganzen Körpers sollte all dein Gestalten ausgehen, auch wenn du, deiner

Entwicklungsstufe und deiner Absicht gemäß, kleinformatige Darstellungen und Entwürfe vorziehst.

Jetzt werden wir auch das kleine Kind verstehen, wenn es anfängt, mit dem ganzen Arm auf großen Unterlagen seine ersten Zeichenversuche zu unternehmen.

Erweiterung der Formsprache

Als Fortsetzung dieser gemachten Übung kannst du die rotierende Armbewegung rhythmisch differenzieren und deine Formsprache erweitern. Schnüre den Kreis an einer, später an mehreren Stellen ein und komme wieder zum Ausgangspunkt zurück, ohne deine Zeichenbewegung zu unterbrechen: du zeichnest eine Endloslinie. Bei fortschreitender Übung werden Anzahl und Art der Einschnürungen unter dem Gesichtspunkt der Kontrastbildung so reichhaltig differenziert, daß dich die entstehenden Graphiken an phantastische Schmetterlingsformen oder an die Spuren des Insektenfraßes unter der Baumrinde erinnern. Eine neue Erkenntnis darüber, wie eine freie, phantastische Gestaltungswelt sich mit den Gegebenheiten der Natur vergleichen läßt!

„Das bildnerische Werk entsteht aus der Bewegung, ist selber festgelegte Bewegung und wird aufgenommen in der Bewegung" (Paul Klee 1920, „Schöpferische Konfession").

Kontrolle

Kontrolliere dich selbst! Bist du noch entspannt? Atmest du ruhig weiter? Ist deine Bewegung noch rhythmisch? Oder wird sie kurzatmig und verkrampft? Wenn ja, werde ruhiger, bewußter, einfacher, sparsamer in deiner Bewegung, verliere nicht deine anfängliche, spontane Großzügigkeit und komme von der Vielheit zur Einfachheit. Jetzt lasse die Linien sich überschneiden, so daß Flächen verschiedener Größen und Formen als ein vielfältig rhythmisches und geklärtes Liniengebilde entstehen. Erstaunt wirst du Verwandtschaft zur zeitgenössischen ungegenständlichen Kunst entdecken. Setze nun Farbe ein und verwandle deinen Linienrhythmus in einen flächigen Farbenrhythmus.

Verschiedenfarbige Papiere

Übersetze deine Erfahrungen, die du bisher mit rhythmischem Zeichnen gemacht hast, auf verschiedenfarbige Papiere, die du mit Schere oder Papiermesser, wiederum in rhythmische Formen spaltest und anordnest. Suche deine Erfahrungen auf andere Materialien zu übertragen.

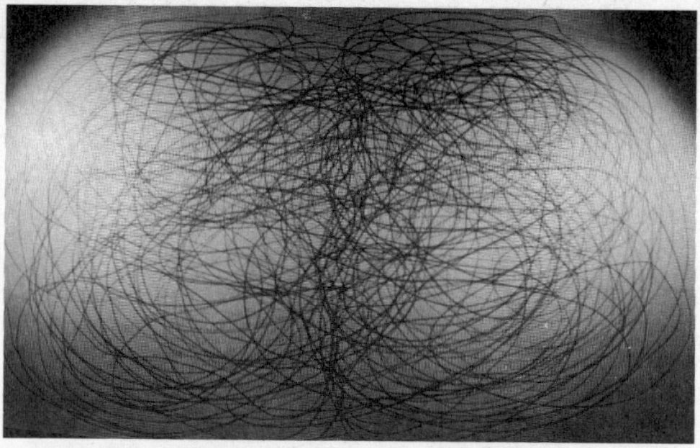

Abb. 28,1

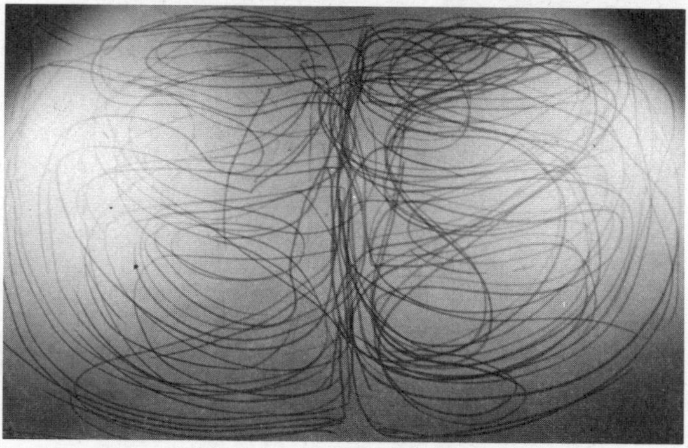

Abb. 28,2

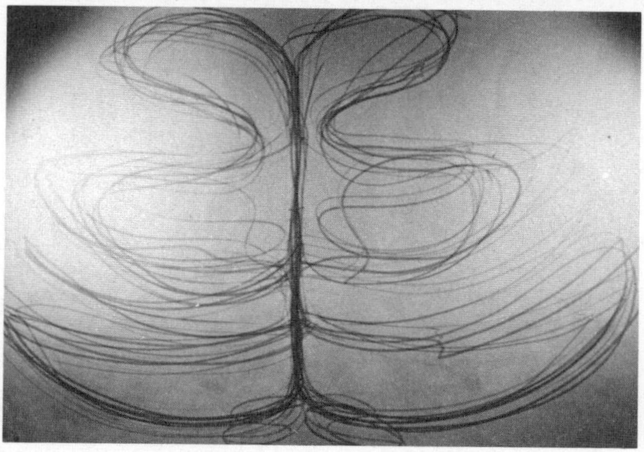

Abb. 28,3

Abb. 28,4

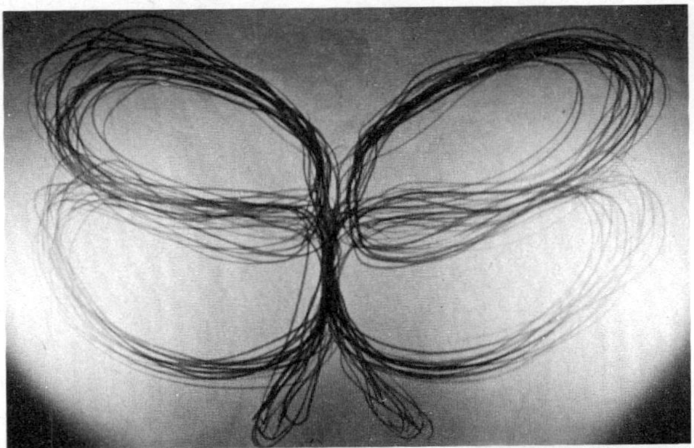

Abb. 28,5

Kinder zeichnen beidhändig rhythmisch und entwickeln ihre zeichnerische Darstellung von wirrer Vielheit zu gegenständlicher und ungegenständlicher Einfachheit. Junge 9,11

Abb. 29

Einhändiger Linien- und Flächenrhythmus
Hausfrau, Volkshochschule

GEMA-TEST

Zeichne selbst!

Mensch		
Hund		
Katze		
Vogel		
Haus		
Baum		

Rate einmal!

Welcher Altersstufe würdest du folgende Zeichnungen zuordnen?

Auswertung des Gema-Tests:
Die Zeichnungen der linken Seite wurden von 8–10jährigen Kindern gezeichnet, die der rechten Seite von 18–40jährigen Erwachsenen.

Testbedingungen:

In unvorbereiteter, spontaner Darstellungsweise sollen Mensch, Hund, Katze, Vogel, Haus und Baum dargestellt werden, ohne daß Möglichkeit besteht, zu korrigieren. Der Test soll in 15–20 Minuten abgeschlossen sein.

Beobachtung des Verhaltens der Erwachsenen beim Zeichnen:

1. Erstaunen
2. Ratlosigkeit
3. Unsicherheit
4. Albernheit
5. Empfinden der zeichnerischen Unzulänglichkeit

Testergebnis:
Beim Vergleich der Erwachsenenzeichnung mit der Kinderzeichnung ergibt sich folgendes:

1. *Übereinstimmung der Darstellung:*

Mensch – Mangel an Proportion, Bewegung und Ausstattung.
Reine Profil- oder Vorderansicht.
Schematisierung der Gesichter (Prinzip Mondgesicht)
Funktionelle Unzulänglichkeit der Extremitäten.

Tier – Mangel an Bewegung und tierspezifischer Kennzeichnung.
Beschränkung auf Umriß, keine Binnenstruktur.
Stummelbeine.

Haus – Klischeehafte Giebelansichten
Perspektivlose Seitenansichten.

Erinnerungen an Darstellungen
aus der ersten kindlichen
Schaffensperiode
(Standlinie, Schmuck)

Baum – Beschränkung auf Umriß.
Kaum Binnenzeichnung.
Fehlen von spezifischen Strukturen
Flächige Wiedergabe
Verzeichnung des Baumstamms,
Zweiglosigkeit.
Bäume meist unten offen.

2. *Kritik- und anspruchslose Weiterbenützung* kindhafter und schablonenmäßiger Vorstellungen.

3. *Pädagogische Konsequenz*:

1. Bewußtmachen der zeichnerischen Anspruchslosigkeit und Unzulänglichkeit.
2. Bewußtes Sehen lehren.
3. Seherlebnisse vermitteln.
4. Intellektuelles Bildungsgut vermitteln (technischer und historischer Bereich).
5. Verstärkt Medien und Möglichkeiten für schöpferisches Tun der zweiten kindlichen Schaffensperiode im schulischen und außerschulischen Bereich anbieten!
6. Entsprechende Ausbildung und Weiterbildung von Lehrern, Erziehern und Eltern.

FINDE

FINDE

werde kritisch

Das für die Hand des Kindes geeignete Material

Unsere Aufforderung zum Suchen und Finden bedeutet die Aufforderung zum Erkennen mit allen Sinnen. Erkennen bedeutet noch nicht Kennen. Wir brauchen stoffliche und technische Mittler, die uns zur Kenntnis, zum „Auskennen mit den Dingen“, führen und unser Können ermöglichen. In der Handhabung von Material und Werkzeug müssen wir uns Fertigkeiten erwerben.
Jedes Material und Werkzeug hat Aufforderungscharakter. Laß dich herausfordern zum Betasten, Spielen, Kombinieren, Probieren, Zerstören, Hören von Geräuschen, Bewegen, Konstruieren usw.

Papier

Alle Arten von Papier und Pappe sind geeignet.

Seidenpapier für transparente und schichtende Falt- und Klebearbeiten	**Zeichenpapier** zum Malen, Zeichnen und Bauen	**Packpapier** zum großflächigen Zeichnen und Malen, als Träger für großformatige Klebearbeiten
Transparentpapier für transparente Klebearbeiten, Farblichtspiele	**Tonpapier** zum Malen, Zeichnen, Ausschneiden und Bauen	**Folienpapier** zum dekorativen Gestalten, für Schneide-, Falt- und Biegearbeiten
Pergamentpapier für transparente Klebearbeiten, Pausen, als Träger für Transparentpapiere, für Laternen und Schattenspiele	**Buntpapier** für Klebearbeiten, Farbspiele, dekorative Gestaltung	**Wachs- und Paraphinpapier** als Trägerpapier, für Lampenschirme, zum Überkleben und Bekleben

Kreppapier für Klebearbeiten, zur Gestaltung von Raumschmuck, Gestalten von Masken und Figuren, zum Dekorieren und Verkleiden	**Ingrespapier** zum Zeichnen und Bedrucken, für Schrift, zum Beziehen Pausen Streifen	**Leinenpappe** für Buchbindearbeiten, zum Bauen Pappen mit Leinenstruktur
Durchschlagpapier für Druckversuche z. B. für Rolldruck	**Saugpapier** für Druckarbeiten aller Art, für Malversuche Löschblatt	**Holzpappe** zum Bauen und plastischen Gestalten weiß + bräunlich
Kohlepapier zum Durchpausen, für allerlei Versuche	**Zeitungspapier** (auch bedruckt) als Zeichen- und Malgrundlage, für Papiermachée und zum Kaschieren Makulatur für drucken, weiß unbedruckt	**Karton** z. B. Fotokarton zu allerlei Gestaltungen, zum Bemalen, für Masken und Figuren, zum „Groß"-bauen. Siehe Verwendung von wertlosem Material
Japanpapier für feine Druckarbeiten, als Mal- und Zeichengrundlage (Tuschemalerei)	**Illustrierte und Werbepapiere** (Prospekte, Plakate) für Klebearbeiten, zu kreativen Spielen (Such-, Sammel-, Ordnungsaufgaben) Kataloge	**Wellpappe** × zum Werken und Bauen, für einfaches Spielzeug und einfache Figuren
Vorsatzpapier Bezugspapier für Kästen, Mappen, als Malgrund und auch für Papierplastiken geeignet	**Kunstdruckpapier** zum Malen, Drucken und für Klebearbeiten **Tapete** als Malgrundlage für großflächiges Malen und Zeichnen, für fortlaufendes Zeichnen z. B. nach Musik, für Ausschneide- und Klebearbeiten	**Pappkugeln und -eier** (hohl) zum Erfinden von Gestalten und Figuren, Masken und Puppenköpfen. (Werden im Handel in 7–10 verschiedenen Größen angeboten.)

Schrenzpappe siehe Holzpappe grau

× 1× beidseitig glatt
1× einseitig glatt

Holz

Alle Arten von Holz, besonders Weichholz, sind geeignet.

Naturholz Äste, Wurzeln, Rinden	**Abfallholz** Holzabschnitte aus holzverarbeitenden Betrieben	**Brettholz** zum Aussägen, Fügen, Bauen, für Kerbschnitt, Holzschnitt
Rundhölzer verschiedenen Durchmessers zum Bauen, Drechseln und Schnitzen	**Sperrholz** zum Aussägen (Decoupieren), für Holzschnitte, Schichtarbeiten	**Schnitzholz** bevorzugt Lindenholz
Holzleisten Dachlatten, Leisten verschiedener Durchmesser und Längen zum Bauen, Schnitzen und Drechseln	**Preßplatten** Preßspan- und Hartfaserplatten als Baugrundplatten und Malflächen, zum Bauen	**Holzkugeln und -eier** zum Modellbau, zur Herstellung von Figuren und Puppen, Marionetten. Holzperlen zum Bauen und Schmücken.
Furnierholz für Einlegearbeiten und Holzschnitt Pappdruckverfahren	**Span** zum Biegen und Flechten, Spanschachteln	**Sägemehl** in Verbindung mit Kleister zum Plastizieren

Naturmaterial

(Soweit nicht anderweitig aufgeführt) Jahreszeitlich bedingt, z.T. rasch vergänglich

Früchte Kastanien und dergleichen, Feldfrüchte, Schalen von Nüssen zum Gestalten von Figuren, Masken und dergleichen	**Blätter** gepreßte Herbstblätter als Farbflächen für Klebearbeiten, für Materialdruck, als Tastobjekt	**Muscheln und Abfallprodukt der Natur** zum Schmücken, für Mosaike, Strukturübungen, als Tastobjekte, zum Reihen, Auffädeln

Kork zum Bauen, als Unterlage (Grundplatte), als Stempel, zum Gestalten von Figuren	**Sand** zum Spielen, Vermengen mit Kleister und Farbe, zum Bestreuen von Klebeflächen	**Schilfrohr** zum Bauen und Gestalten, für Strukturübungen, als Tastobjekt
Steine Kiesel zum Bauen, für Figuren, zum Bemalen, für Natursteinmosaik	**Speckstein und Alabaster** leicht zu bearbeiten mit Raspel, Messer, Säge und Schmirgelpapier	**Leder und Pelz** zum Herstellen von Gegenständen, Schmuck, zur Ausgestaltung von Figuren.
Bambus zum Bauen, zum Herstellen von einfachen Instrumenten und Gegenständen, man kann es sägen und kerben	**Gips und Zement** Zum Gießen, Modellieren (Moltofill), zum Einbetten von Steinen, Scherben und dergleichen, zum Abgießen von (Ton)Modellen, zum Ausgießen von Formen	**Ytong** läßt sich leicht mit Säge und Schabwerkzeugen bearbeiten. Zur Gestaltung von Figuren und Formen
Flechtmaterial Alles Biegbare, auch aus Plastik		
Peddigrohr für Körbe und Schmuckgegenstände	**Bast** zum Umwickeln und Weben	
Ramieband zum Flechten, Einlegen	**Sisal** zum Weben und Knüpfen (mit Drahtkern), zum Biegen und Gestalten von Figuren	**Kordel** zum Knüpfen und Knoten

Glas		
Buntglas zum Gestalten von Fenstern und Fensterbildern, Glasmosaik, zum Bemalen (Glasmalerei, Hinterglasmalerei), zum Einschmelzen	**Strukturglas** (aus der Glaserei) für Lichtspiele im Projektionslicht, für Schattenspiel u. ä.	**Flaschen und Gefäße** zum Bemalen, Überziehen
Textiles (Handarbeitstechniken und Nähen werden nicht erwähnt)		
Stoff auch Webpelz (Plüsch), Rupfen und Jute, zum Gestalten, zum Herstellen von Applikationen (Wandteppich), von Patchwork, von Kostümen, von Figuren, zum Fadenziehen, als Tastobjekt und Struktur- und Trägermaterial	**Wolle** zum Weben, Knüpfen, Applizieren, zum Herstellen von Figuren, zum Sticken, Wickeln und Spannen.	**Garne** zum Sticken, Weben, Einziehen, Wickeln und Spannen.
Plastizierbares Soweit nicht anderweitig erwähnt: alle zermahlenen und pulverisierten Materialien unter Beimischung von naürlichen und chemischen Bindemitteln.		
Knetmassen Plastika, Keramiplast, Tonal, Fimo, Teig u. a. zum Formen und Modellieren, Herstellung von Puppenköpfen	**Knetgummi** besonders geeignet die Künstlerplastilinklötze, zum Modellieren und Formen	**Ton** zum Töpfern, Modellieren, Bauen. Elementarmaterial, Tastobjekt

Metall

Alle Arten von Platten und Blechen (auch Büchsen), Drähten, Gittern, Stäben und Rohren, soweit sie mit einfachen Werkzeugen zu bearbeiten sind.

Platten und Feinbleche (Drückfolie) aus Messing, verzinntem Stahl, Aluminium und Kupfer zum Biegen, Treiben, Emaillieren	**Draht** Eisen-, Silber-, Kupfer- und Messingdraht, zum Biegen, Löten, zur Herstellung von Schmuck und einfachen Figuren	**Nägel** für Nagelarbeiten, als gestalterisches Material bei Lötarbeiten
Zinn und Blei zum Gießen und Ausgießen, Lötzinn, Stanniol		**Schrauben** als Verbindungsmittel, als gestalterisches Material in Materialbildern und Lötarbeiten

Kunststoffe

= nichtnatürliche Werkstoffe (soweit bereits erprobt und ungefährlich verarbeitbar)

Die große Materialgruppe der Kunststoffe (plastics – Plastik) teilen wir der technischen Übersicht wegen in die Gruppen der Duroplaste, Thermoplaste und Elaste. Duroplaste und Thermoplaste sind feste aber flexible Kunststoffe, die man zur Produktion von Haushaltsgeräten und Spielzeug verwendet, während Elaste weiche, biegsame Kunststoffe sind, mit denen man z. B. Textilien beschichtet.

Styropor (Hartschaum-Verpackungsmaterial) in Platten, Klötzen, Kugeln und anderen Formen zum Gestalten von Figuren, zum Aussägen (mit heißem Draht), zum Bauen, Bemalen (Materialbild), als Druckplatte	**Kunststoffolien** Rhenalon, Astralon, farbige Folien (für Lichtspiele), Resopal. Je nach Qualität zum Ritzen (Radierung), Bemalen, Bauen, als Träger für Transparentfolien und -papiere	**Plexiglas** Unter Ausnutzung der Vorteile gegenüber Glas, läßt sich sägen, zum Bauen und Gestalten von Figuren und Formen geeignet.
Kunstharzgranulat (Kunstglas) in Blechformen im Backofen bei 300° zu schmelzen. In verschiedenen Farben erhältlich.	**Flüssige Kunststoffe** (Gießharz) härtet bei Zugabe von Härter. Zum Ausgießen, Einbetten, Überziehen, Reparieren	**Schaumstoff** gummiähnliches, leicht verformbares Material zum Ausstopfen und Unterfüttern, zum Gestalten von Figuren und Formen.

Kunstemail auf Metallträger. „Emaillieren" ohne Brennofen, aber druck- und kratzempfindlicher als das herkömmliche Glasemail.		

Da laufend neue Kunststoffe auf dem Markt erscheinen, die teilweise die herkömmlichen Werkstoffe ersetzen werden, geht die Erprobung ständig weiter.

Gegenstände aus dem Alltag

Wertlose Gegenstände

Darunter versteht man Alt- und Abfallmaterial (soweit ungefährlich) verschiedener Art. Es ist billig zu beschaffen (Suchaufgaben, Sammeln), anregend durch vorgegebene Formen, Strukturen und Eigenschaften (z. B. Kronenkorken, Knöpfe, Joghurtbecher, Eierkartons, Papprollen, Styroporverpackungsformen). Daher wird es allgemein als pädagogisch wertvoll angesehen.

Billige Gegenstände

Darunter verstehen wir Konsumartikel aus den unterschiedlichstenMaterialien, die zur Zweckentfremdung anregen und sich daher für die verschiedensten Gestaltungsaufgaben eignen. Denke z. B. an: Zahnstocher, Schaschlikspieße, Haushaltsartikel, verschiedene Arten von Bürsten, Baustoffe.

Farbe

Soweit ungiftig und anwendungsfreundlich sind alle Farben verwendbar, je nach der Eigenschaft, die man situationsbedingt von ihnen erwartet. Farben werden in flüssiger, fester und pulvriger Form angeboten.

Kreiden als Tafel-, Wachs- und Ölkreiden. Schneller, großflächiger Farbauftrag in leuchtenden Farbtönen. Mischbar (löslich in Terpentin oder Wasser), unterschiedlicher Abrieb. Wachskreiden sind geeignet für Papierbatik, Enkaustik	**Filzschreiber** leuchtkräftige, schlecht abwaschbare Farben, neuerdings ungiftig und wasserlöslich. Entsprechend der unterschiedlichen chemischen Beschaffenheit ihrer Farben ermöglichen sie verschiedene Anwendung.	**Druckfarben** spezielle Farben, die in Tuben und Dosen im Handel sind. Besonders geeignet sind die wasserlöslichen. In vielen Farben erhältlich, die sich untereinander mischen lassen. Für verschiedene Druckverfahren werden gesondert Farben angeboten.

Fingerfarben wurden erfunden, um das Kleinkind und den Malanfänger vor Schwierigkeiten zu bewahren, die andere Malmittel mit sich bringen. Vermitteln „reine" Freude am Malen. Pastenhaft, cremig in der Konsistenz, mischbar, laufen in feuchtem Zustand nicht ineinander, unmittelbarer Farbauftrag in kräftigen Tönen, rasch trocknend, haften auf Papier, Glas und Kacheln, lassen sich leicht abwischen, ungiftig.	**Leimfarbe** billige, leicht anzusetzende, gut streichbare Farbe, rasch trocknend, wasserlöslich. Farbpulver (Anstreicherfarbe, Drogerie und Farbengeschäft) wird mit Wasser dick angeteigt, mit Kleister versetzt bis ein seimiger Zustand erreicht ist. Der Farbauftrag sollte wischfest sein. Setzt man dem Farbbrei statt Kleister Kunstharz hinzu, so trocknet die Farbe unlöslich auf.	**Deckfarben** in Knöpfen, Schälchen oder als ‚Puck'. Die Farbe wird mit Wasser abgelöst. Gute Qualitäten zeichnen sich durch kräftige Farbtöne und lange Lebensdauer aus. Gut mischbar, schnell trocknend, haftet auf Papier, Pappe, Holz, Stoff und anderen Gründen. Vielseitig verwendbar in Kindergarten, Hort und Schule.
Plakatfarben mit Wasser vermalbar, untereinander mischbar, nach Auftrocknen mit Wasser nicht lösbar. In grellen Farbtönen vielfältig verwendbar.	**Acryl- und Dispersionsfarben** moderne Malmittel, die sich in der Praxis schnell verbreitet haben. Trocknen sehr rasch, sind nach dem Auftrocknen wasserfest. Mischbar wie Öl- und Temperafarben. Vielseitig verwendbar.	**Ölfarbe** Bindemittel ist Öl (Leinöl). Verwendbar wie Tempera, trocknet jedoch wasserfest und wasserabweisend (Ölpapier), trocknet langsam, haftet auf allen trockenen Gründen.
Tusche besonders dünnflüssig, meist transparent, im getrockneten Zustand wasserunlöslich (Vorsicht auf Kleidung und Tische). Zum Zeichnen (Feder-) und Malen gleichermaßen gut geeignet.		**Tempera** von pastenhafter Konsistenz, in Tuben, Gläschen oder Plastikflaschen. Wasserlöslich, leicht vermalbar, gut mischbar, schnell trocknend.

Stoffarben Zum Bemalen von Stoffen (auch für Kartoffel- und Korkstempel geeignet) verwendet man Stoffmalfarben, die in Gläschen angeboten werden. Für Stoffdruck gibt es spezielle Stoffarben in Tuben (Verdünnung und Reinigung: Terpentin und Nitroverdünnung).	**Farben für Werkarbeiten** Bei der Produktivität der heutigen Farbenherstellung wird der Markt jeweils neu zu überprüfen sein. Bewährt haben sich verschiedene Lacke und Kunstharzfarben, Kaseinfarben, wie Plaka, die auch als Deko- und Zierfarben erhältlich sind. Vielfach genügen Leim- und Dispersionsfarben, besonders für großflächige Aktionen.	

Malgerät und Malhilfen

Körpereigene Werkzeuge Gerät Nummer 1: Hände und Finger. Geeignet zur Schulung der Sinne, der Beweglichkeit, Unmittelbarkeit.	**Schwamm und Lappen** Zum Wegwischen überschüssiger Farbe, aber auch zum Farbauftrag geeignet, zum Verteilen und Verwischen.	**Malkittel** zum Schutz der Kleidung sollten für alle Beteiligten Malkittel bereit sein. Alte Herrenhemden bieten den besten Schutz.
Maltische/Arbeitsplatz sollten unempfindliche Oberflächen haben, groß und viereckig sein. Für die Bewegungsfreiheit gilt das gleiche wie für die Malwand und für Spiele und Arbeiten auf dem Boden. Geeignet sind ferner einfache Malstaffeleien und Zeichenbretter.	**Pinsel** erhältlich in verschiedenen Ausführungen und Größen. Haar-, Borstenpinsel und Malbürsten. Jeder bietet andere Gestaltungsmöglichkeiten. Verschiedene Malmittel erfordern verschiedene Malgeräte. Für kleine Kinder eignen sich besonders breite Borstenpinsel.	**Malwand** oder große Wandtafel darf nicht fehlen. Sie soll so groß sein, daß jedes Kind genügend Bewegungsfreiheit während des Arbeitens hat (Abstand: seitlich ausgebreitete Arme!).

Palette als Träger für Farbe und als Mischfläche. Farbkastendeckel, Resopalbrettchen (auch zum Auswalzen der Druckfarben geeignet) oder Glas- bzw. Kunststoffplatte. Bei größeren Farbmengen Becher und Kübel.	**Metallsieb** (-gitter) wenn man Farbe mit einer Bürste oder einem dichten Borstenpinsel über ein engmaschiges Metallsieb streicht, zerstäubt diese. Das kann für reizvolle Sprüharbeiten verwendet werden.	**Zerstäuber** gibt man gut verdünnte Farbe oder Tusche in einen Zerstäuber oder bläst sie durch ein Sprühröhrchen (Fixativröhrchen), ergeben sich ähnliche Wirkungen wie beim Metallsieb.
Lammfellwalze wie sie zum Farbauftrag auf Wände heute verwendet wird. Für großflächige Arbeiten und zu Farbspielen.	**Gummiwalze** notwendig für Druckarbeiten zum Auswalzen und Auftragen der Farbe. Man kann auch mit der Walze „malen“!	**Spachtel** zum Auftragen und Verstreichen von Farben pastoser Konsistenz geeignet. Auch Malmesser genannt.

Klebstoffe

Da es vielerlei Sorten und Fabrikate im Handel gibt, werden nur die Eigenschaften aufgeführt, die für verschiedene Materialien erwünscht sind.

Papier und Pappe spezielle Papierkleber und Klebestifte. Kleister. Buchbinderleim. Für Werkarbeiten auch Alleskleber.	**Werken** hauptsächlich Alles- und Kontaktkleber. Verschiedene Materiale fordern spezielle Klebstoffe.	**Stein und Glas** außer Alles- und Kontaktkleber gibt es im Fachhandel spezielle Steinkleber von hoher Festigkeit, auch schnellhärtende.
Styropor es gibt spezielle Styroporkleber. Geeignet sind alle Klebestoffe, deren Gebrauchsanweisung Styropor ausdrücklich erwähnt.	**Metall** Zweikomponenten- und Kontaktkleber	**Holz** Kaltleim Kontaktkleber

Werkzeuge und Hilfsmittel

Zur Minimalausrüstung gehören: eine Säge (Fuchsschwanz), eine Schere, eine Kombizange, ein Hammer, ein Bohrer, eine Raspel, eine Feile, ein Schnitzmesser, eine Blechschere, eine Kettenzange und ein Falzbein.

Schere Papierschere (groß), Bastelschere (handlich), Spezielle Scheren für Scherenschnitt, Stoff, Metall (Blech)	**Säge** Fuchsschwanz, Leistensäge, Laubsäge (Decoupiersäge), Stichsäge, Spezialsägen für Glas, Metall und Stein.	**Bohrer** einfache Handbohrer (Vorbohrer), Handbohrmaschine mit verschieden starken Bohrern, Bohrwinde.
Hammer Tischlerhammer, Treibhammer, Holzklüpfel und Gummihammer.	**Nadel** Stopfnadel zum Sticken und Applizieren, Schusterahle, Vorstecher.	**Locheisen** zum Stanzen von Löchern in Papier, Pappe und Leder. Auch als Lochzange (Revolverzange) im Handel.
Messer Universalmesser, für Papier- und Werkarbeiten. Schnitzmesser in verschiedenen Formen für spezielle Techniken. Alle Messer sollten gut schneiden (Verletzungsgefahr wird dadurch herabgesetzt). Ein einfaches Küchenmesser hilft z. B. beim Tonen, oder (erhitzt) beim Styroporschneiden.	**Raspel/Feile** Raspeln in verschiedenen Feinheitsgraden zur Holzbearbeitung, auch zur Bearbeitung von Stein, Feilen in verschiedenen Feinheitsgraden bis hin zur Schlüsselfeile zur Metall- und Kunststoffbearbeitung.	**Druckpresse** Walzenpresse zur Herstellung von Linol-, Holzschnitt und Radierung. **Modellierhölzer** Hilfsmittel bei der Gestaltung von Ton
	Falzbein messerähnliches Werkzeug aus Horn besonders für Papierarbeiten.	**Papierschneidemaschine** zum leichteren Schneiden von Papier und Pappe

<table>
<tr>
<td>Tjanting
oder Batik-Kännchen zum Auftragen von Wachs.</td>
<td>Punzen
Hohl- und Perlpunzen aus Stahl zum Schmücken von Metall</td>
<td>Lötkolben
oder Lötlampen zur Bearbeitung von Metall. Der Umgang setzt technische Erfahrung voraus.</td>
</tr>
<tr>
<td>Radiernadel
Holzheft mit verschiedenen Metallspitzen zum Ritzen, Kratzen und Schaben. Geeignet zur graphischen Bearbeitung von Metall- und Kunststoffplatten.</td>
<td>Holzschnittmesser
kleine Schneide-, Stech- und Schnitzmesser für Linol- und Holzschnitt, vereinfachte Form als Schneidefedern für Griff oder Federhalter.</td>
<td>Stech- und Hohleisen
zur Bearbeitung von Holz, für größere Schnitzarbeiten, für Tischlerarbeiten und zum Drechseln</td>
</tr>
<tr>
<td>Webrahmen
mit (Gitter-) Kamm und Schiffchen, besondere Ausführungen für längere Webstücke. Elementares Weben: Bau eines „Webrahmens“, der aus einer Preßspanplatte und zwei Nagelreihen besteht, zwischen denen der Kettfaden gespannt ist.</td>
<td>Siebdruckeinrichtung
Holzrahmen mit feiner Gaze (Nylongewebe) bespannt, Rakel zum Verstreichen der Farbe im Sieb. Zur Durchführung sind genaue Siebdruckanweisungen zu beachten.</td>
<td rowspan="2">Elektrische Maschinen
Kinder einer technischen Zeit sollen frühzeitig an den Gebrauch von arbeitserleichternden Maschinen gewöhnt werden. Doch sind Kinder vielfach noch die einzigen ‚Handarbeiter‘ (Grözinger), das sollen sie bleiben. Daher sollen Maschinen, auch wegen ihrer großen Verletzungsgefahr, sparsam eingesetzt werden, vielleicht ab etwa 12 Jahren. Geeignet sind sog. Heimwerker, die zum Bohren, Raspeln und Schleifen eingesetzt werden.</td>
</tr>
<tr>
<td></td>
<td>Öfen (elektrische)
zum Emaillieren und Brennen von Töpferware, zum Einbrennen von Glasfarben.</td>
</tr>
</table>

Technische Medien

Ihre Handhabung erfordert spezielle Erfahrungen

Tonband/Plattenspieler
Notwendig zum Malen nach Musik, zur Aufnahme und Erprobung von Klängen und Geräuschen, die mit Werkzeug und Werkmaterial erzeugt werden. Zum Vertonen von Filmen, Diareihen und Farblichtspielen.

Fotoapparat
zum Festhalten vergänglicher Arbeitsergebnisse, zur Gestaltung von Foto- und Diaserien, Grundlage für Lichtbildnereien. Geeignet sind Kassetten- und Polaroidkamera

Videoeinrichtung
besteht aus Videorecorder, Monitor und Fernsehkamera. Solche Einrichtungen erobern heute den Markt, so daß in Zukunft mehr und mehr damit zu rechnen ist.
Zu empfehlen ist hier die Kassettenform wegen ihrer problemlosen Bedienung. Ihre Verwendung ist pädagogisch und kunstpädagogisch gleichermaßen wertvoll.

Filmkamera
zum Filmen finden derzeit sog. Super 8 Kameras Verwendung. Diese müssen nicht teuer sein, sollten aber folgende Anforderungen erfüllen: Belichtungsautomatik, Vario-Objektiv mit Gewinde für Nahlinse, Einzelbildschaltung.

Projektor
für Dias und Filme gibt es gesonderte Projektionsgeräte. Der Filmprojektor sollte mit einer Vertonungseinrichtung versehen sein.

Blitzgerät/ Beleuchtung
für Aufnahmen im Innenraum benützt man ein Blitzgerät oder Fotolampen. Für letztere sind handliche Klemmhalter erhältlich.

Laboreinrichtung
zur Ausarbeitung von Fotoaufnahmen und zu interessanten und lehrreichen „Lichtspielen“ ist eine geeignete Fotolaboreinrichtung zu empfehlen, diese besteht (Standardausführung) aus: 2–3 Fotoschalen, Fotochemikalien, Fotopapier, Lampe mit Farbfilter (orange, grün), einer hellen Lampe, einem Vergrößerungsgerät und Waschbecken. Da die Chemikalien giftig und ätzend sind verwende man Gummihandschuhe und Fotozangen.

GESTALTE

GESTALTE

werde schöpferisch

Dieser Teil unseres Buches will den vielen Techniken, Gestaltungsmöglichkeiten, Anregungen und Rezepten, die heute in einer Fülle erfreulicher Schriften, Bücher und Anleitungen umfangreich dargestellt sind, nicht unbedingt neue hinzufügen. Es geht uns darum, der Zielsetzung dieses Buches entsprechend, methodische Anmerkungen zu den erprobten und möglichen Zeichen-, Mal-, Werk- und Gestaltungstechniken herauszustellen und exemplarisch Beispiele zu geben, wie diese pädagogisch sinnvoll in der Praxis angewandt werden können.

Methodische Anmerkungen

– lerne die Kinder kennen

Soziale Struktur – erforsche die soziale Struktur der Gruppe: Name, Alter, Geschlecht, Wohnort, Beruf der Eltern, Familienverhältnisse

Umweltstruktur – untersuche, woher du für deine Arbeit Material bekommen kannst: aus Natur, Landwirtschaft, Industrie, Handwerk und Fachhandel

Arbeitsplatz, Material, Werkzeug – die Fülle des dargebotenen Materials, die Vielfalt der zur Verfügung stehenden Werkzeuge, die Freizügigkeit des umgebenden Raumes sind die *Grundlagen der schöpferischen Entfaltung*

– sorge für einen geeigneten Raum, in dem sich die Kinder frei und sorglos mit dem angebotenen Material beschäftigen können. Beachte: Größe, Durchlüftung und Beleuchtung des Raumes, Pflegemöglichkeiten von Wand und Fußboden, Wasseranschluß, Waschbecken und nach Möglichkeit Bodenabfluß

- werde erfinderisch im Beschaffen und Auswerten von Räumen: Intensivraum, Korridor, Keller, Eingangshallen, Toilettenvorräume, Waschräume und leere Bäder

- halte deinen Arbeitsraum frei von unnötigen Einrichtungsgegenständen, achte darauf, daß die Wände als Tafel- und Malflächen benutzbar sind, verwende zum Malen und Zeichnen Tische mit abwaschbarer, glatter Oberfläche (Resopal), zum Werken grobe Holztische (Hobelbank, Werkbank, Biertisch, ausgedienter Schreibtisch o. ä.), zum Aufbewahren von Materialien stabile Holzkisten, ein Regal für halbfertige Produkte, einen verschließbaren Werkzeugschrank, Mülltonnen für den Abfall

- passe die *Gruppenstärke* der Größe des Raumes an, damit nicht nur den gymnastischen Übungen im Sport das Platzzuteilen mit seitlich ausgestreckten Armen vorbehalten bleibt, sondern auch für unseren Bereich einen Maßstab für Bewegungsfreiheit ergibt

- mache zu den jeweiligen Wochen- oder Monatsthemen den Kindern ein *großzügiges Materialangebot*, provoziere dadurch die Ideen der Kinder und sei auf ihre möglichen Vorschläge vorbereitet

- stelle den Kindern Kästen mit einer *Grundausrüstung an Werkzeugen* zu jeder Beschäftigung bereit

Gespräch und Themenfindung

- sensibilisiere und motiviere die Kinder für Medien und Themen. Laß sie selber Themenvorschläge erfinden

- schule die Kinder in ihrer *sprachlichen Ausdrucksfähigkeit*, laß sie aus der Erinnerung berichten und frei und phantasievoll erzählen

Gruppenkreativität

- laß sie in der Methode des „*brain-storming*" viele Vorschläge – auch die kuriosesten – zu einem Problem (Thema, Technik, Material, Durchführung) vorbringen, auswählen und bestimmen, in welcher Reihenfolge und in welchem Umfang sich die Arbeit entwickeln soll

- verhindere bei *Gruppenprojekten* das Abgleiten in Einzelarbeiten, gib immer wieder Denkanstöße, die die Kinder an das gemeinsame Ziel erinnern

- sprich beherzt, klar, verständnisvoll, humorvoll und für Kinder verständlich, damit du eine Atmosphäre erzeugst, in der die Kinder ermutigt werden, sich spontan zu äußern, zu kritisieren und zu *reflektieren*

- ermögliche Gruppenbildung

Soziale Förderung

- fördere Zusammenarbeit (Kooperation, Interaktion): Spielregeln aufstellen, Verteilung von Material, Absprache über den Einsatz der Werkzeuge, Planung und Durchführung der Aufgabe

- fördere dadurch Rücksichtnahme, Verantwortungsgefühl, Offenheit, Anpassungsfähigkeit und Toleranz

Psychologische Aspekte

- finde zwischen Lob und Tadel den Mittelweg

- sei auf folgende grundsätzliche Herausforderungen der Kinder gefaßt:

1. *ungebührliche Aufmerksamkeit*:
   deine Reaktion: nicht darauf eingehen.
2. *Machtkampf*:
   auf keinen Kampf einlassen
3. *Verletzung durch Rache*:
   sei nicht verletzt, strafe nicht durch Wiedervergeltung; dieses Kind ist zutiefst entmutigt.
4. *Hilflosigkeit des Kindes*:
   glaube die Hilflosigkeit nicht, laß dich zu falschen Hilfeleistungen nicht provozieren, fördere nicht eine falsche Abhängigkeit. Erziehe zur Selbständigkeit

Beurteilungskriterien

- Erfüllung der Lernziele
- Beachtung der altersgemäßen Darstellung
- Phantasieentwicklung, Ideenreichtum und Findung von neuen Zusammenhängen und originellen Lösungen
- Aufarbeitung und Anwendung früher erworbener Kenntnisse (Transfer)
- Fähigkeit Mittel einzusetzen
- Maß der Handgeschicklichkeit
- Intensität der Ausführung, Engagement: Fülle, Reichhaltigkeit der Farbe, der Zeichnung, der Strukturierung, der inhaltlichen Darstellung
- Sauberkeit der Arbeit
- Durchhaltevermögen

- (bei Gruppenarbeit) Kontaktfähigkeit, Aufnahmebereitschaft und Zusammenarbeit der Kinder bei Planung und Durchführung einer Aufgabe oder eines Projektes, Gruppenfähigkeit und Einsatz des einzelnen. Erkennen und Lösen von Problemen. Hinterfragen der Arbeitsergebnisse auf Vollständigkeit, Qualität der Durchführung, Aussagekraft, optimale Ausnutzung der Möglichkeiten
- Flüssigkeit des Ausdrucks und Assoziationsreichtum
- Wendigkeit in der Anwendung von Werkzeugen und Materialien
- Berücksichtigung origineller Lösungen

Musischer Aspekt

- berücksichtige im Rahmen deiner jeweiligen Aufgabe die verschiedenen Möglichkeiten des musisch-pädagogischen Fachbereichs: Rollenspiel, Körperbewegung, Musik, Rhythmik, Tanz, Sprache, Malen, Zeichnen und Werken
- erkenne die Möglichkeiten von Körperbewegung, Rhythmik und Musik für das Malen und Zeichnen. Male auch nach Musik (siehe Titelfoto)

Farbensehen

- heute sieht man Kinder allenthalben frühzeitig mit Farben umgehen. Das Cremige der Fingerfarbe, die leuchtenden Farbkreiden und Filzstifte verlocken zur frühzeitigen Anwendung. Dabei geht es dem kleinen Kind mehr um das haptische Erleben und die schwungvolle Bewegungsspur als um die Farbe. Das Farbensehen entwickelt sich beim Kind sehr langsam. Zunächst unterscheidet das Kind nur Farben wie Rot, Gelb und Orange, warme leuchtende Farben, die auf uns zukommen. Später erst Grün und Blau. Noch viel später Farben wie Violett und Braun. Schwarz wird normalerweise von Kindern nicht besonders geliebt. Braun kann bei Kindern, die frühzeitig zur Sauberkeit erzogen wurden, in einer kurzfristigen Braun-Orgie die Kotphase nachholen lassen. Trotzdem wird das Kind zu Recht mit Farben frühzeitig umgeben. Das Farbensehen und Differenzieren von Farben kann geübt werden. Die Kinder sollen bis zum Schuleintritt Farben kennen, benennen und mit Farben umgehen können. Grözinger warnt in diesem Zusammenhang davor, das kleine Kind zu früh mit Farben zu überfrachten, da es für das Kind nicht nur ein Erlebnis der Farbe, sondern auch eine Angst vor der Farbe gibt, und die Farbe die zeichnerisch-motorische

Entwicklung des Kindes hemmen kann. „Sie muß in der Frühzeit ein seltenes, aber deshalb um so intensiver genossenes Fest bleiben." (W. Grözinger) Er stellt fest, daß beidhändiges Zeichnen, das für alle Altersstufen nicht genug empfohlen werden kann, eine „Harmonisierung des Farbsinns" bewirkt.

Linkshändigkeit – Es kann heute nachgewiesen werden, daß ein weit größerer Prozentsatz von Menschen linkshändig veranlagt ist, als man das bisher annahm oder wahrhaben wollte. Das führt dazu, daß man sich heute in Vorschule und Schule bewußt mit linkshändigen Kindern befaßt. Man kann von der Tatsache ausgehen, daß es linkshändige Kinder gibt, die so ausgeprägt linkshändig veranlagt sind, daß sie nicht ohne Schädigung oder Hemmung umtrainiert werden können. Besteht der Erzieher trotzdem darauf, kann das beim Kind eine Unlust am manuellen Arbeiten, Zeichnen und Schreiben bewirken, die sich in mageren Ergebnissen äußert. Andererseits kann beobachtet werden, daß linkshändig entwickelte Kinder meist auch ihre rechte Hand üben, da viele Handgriffe in unserem Alltag auf Rechtshändigkeit angelegt sind. Dadurch übt es die Beidhändigkeit, die es den nur rechtshändig geübten Kindern vielfach überlegen sein läßt. Da es sich bei Linkshändern meist um sehr sensible Kinder handelt, muß der Erzieher solche Kinder mit viel pädagogischem Fingerspitzengefühl behandeln.

Beidhändigkeit – Die Bedeutung der beidhändigen Einübung kann nicht deutlich genug herausgestellt werden. Da der Mensch zwei Hände hat, ist es sinnvoll und richtig, sie beide benützen zu lassen und die Motorik beider Hände bewußt zu fördern. Grözinger zeigt das in seinen Untersuchungen über das Kritzeln, Zeichnen und Malen der Kinder ganz klar auf. Er steht mit seinen Untersuchungen nicht allein. Auch namhafte Künstler und Kunstpädagogen haben die Notwendigkeit des beidhändigen Gestaltens immer betont, so daß diese Erkenntnis heute weitgehend zum kunstpädagogischen Allgemeinbesitz geworden ist.

Wir möchten einige wesentliche Eigenschaften und Ziele dazu nennen:

- Gestaltungsweise, die dem kindlichen Bewegungsdrang entspricht
- Sichtbarmachen des Körpergefühls und des Atmens
- Das Ermöglichen großzügiger Mal- und Zeichenspuren
- Erkennen und Überwinden von Hemmungsbarrieren
- Entwicklung und Festigung des Gefühls für körpereigene Rhythmik
- Vorbereitung auf die beidhändige Geschicklichkeit, die zur Ausübung vieler technischer Funktionen heute erwartet wird, z. B. Autofahren, Bedienung von Armaturen und Schalttafeln, Schreibmaschine usw.
- Entwicklung des elementaren Raumgefühls, seine graphische Umsetzung in die zeichnerische Ebene
- Auflockerung der schon früh sich entwickelnden bildnerischen Sprache
- Entwicklung eines rhythmischen Linienspiels zur Harmonie
- Entwicklung eines ästhetischen Bewußtseins

Ausarbeitung einer Beschäftigung

Die vier Kategorien des Curricularen Lehrplans

Über die Planung von Aufgaben im schulischen und außerschulischen Bereich stehen uns im Zeitalter der Curricularen Lehrpläne unzählige Schriften, Aufsätze und Berichte zur Verfügung von Theoretikern und Praktikern. Wenn wir das Gestrüpp fachsprachlicher Wucherungen durchdringen, stehen wir vor folgendem Gemeinsamem:
Es geht um Lern- oder Beschäftigungs-

Ziele
Inhalte
Methoden
Medien, Mittel zur Darbietung (Repräsentation) und Verwirklichung (Realisation)

Das bedeutet für uns: gründliche Vorbereitung, die nicht nur die Beschäftigung des nächsten Tages vor Augen hat, sondern im Sinne von Aufgabenreihen Curricularer Pläne die Entwicklung eines längeren Zeitabschnittes umfaßt und auf nachprüfbare Förderung zielt. Dazu müssen wir die amtlichen Lehrpläne zu lesen verstehen und uns mit deren Sprache auseinandersetzen. KLAUS WESTPHALEN gibt in seinem Büchlein „Praxisnahe Curriculumentwicklung“ (Auer Verlag) wichtige Informationen. Diesen entnehmen wir, daß es *vier Kategorien im Curricularen Lehrplan* gibt, die soweit wie möglich aufeinander zugeordnet sind. Das heißt, der Lehrplan wird in der Regel in vier Spalten eingeteilt:

Lernziel	*Lerninhalt*	*Unterrichtsverfahren*	*Lernzielkontrolle*

1. Lernziel – Robert F. Mager gibt folgende Definition: Lernziel ist „die Beschreibung eines Verhaltens, das der Lernende nach erfolgreicher Lernerfahrung erworben hat.“ Es wird unterteilt in

Richtziele – genaue Zielbereiche, in denen die Aufgaben und Absichten verwirklicht werden.

Grobziele – beschreiben eindeutig, aber nicht ins Detail gehend die angestrebten Lernergebnisse

Feinziele – Unterziele, Teilziele, unterteilen die in den Grobzielen genannten Verhaltensweisen und differenzieren den Unterricht in Einzelziele. Dies ermöglicht eine Kontrolle der Lernergebnisse.

Lernzielbeschreibungen im Curricularen Lehrplan

1. Wissen	2. Können	3. Erkennen	4. Werten
1.1 Einblick (flüchtiger Einblick bei der ersten Begegnung mit dem Wissensgebiet)	*2.1 Fähigkeit* (=dasjenige Können, das zum Vollzug einer Tätigkeit notwendig ist)	*3.1 Bewußtsein* (bedeutet eine Vorstufe des Erkennens, die zum Weiterdenken anregt)	*4.1 Bereitschaft* (entsteht, wenn Werte anerkannt, als persönliche Ziele gesetzt werden)
1.2 Überblick (systematischer Überblick, den sich der Schüler erst verschaffen kann; wenn er in mehrere Teilbereiche des Wis-	*2.2 Fertigkeit* (=ein durch reichliche Übung eingeschliffenes, sicheres, fast müheloses Können)	*3.2 Einsicht* (=eine grundlegende Anschauung, die erworben und beibehalten wird, wenn ein Problem einge-	*4.2 Freude bzw. Interesse* an bestimmten Lerngegenständen (Operationalisierung und Lernzielkontrolle schwierig,

sensgebietes Einblick gewonnen hat)		hend erörtert und einer Lösung zugeführt ist)	nur in psychologischen Tests, Fragebogen oder noch problematischer im „Gesinnungsaufsatz“ möglich)
1.3 (genaue) Kenntnis (eines Sachverhaltes oder eines Wissensgebietes setzt den Überblick voraus, fordert aber zusätzlich detailliertes Wissen und einen Grad gedächtnismäßiger Verankerung, der zu einer zutreffenden Beschreibung befähigt)	*2.3 Beherrschung* = hoher Grad von Können)	*3.3 Verständnis* (ist die Ordnung von Einsichten und ihre weitere Verarbeitung zu einem begründeten Urteil)	
1.4 Vertrautheit (= erweiterte und vertiefte Kenntnisse über einen Sachverhalt oder ein Wissensgebiet – geläufiges Verfügen darüber)	psychomotorischer Bereich		affektiver Bereich
kognitiver Bereich			

2. L e r n i n h a l t – Definition: Lerninhalt meint die thematische Abgrenzung eines bestimmten Bereichs, aus dem Lernerfahrungen für das gewünschte Lernziel gewonnen werden sollen.

Stoffe
Themen
Projekte
Lektüre
Übungen
u. ä.

3. U n t e r r i c h t s v e r f a h r e n
Lernorganisation
Methodik
Medien
Zeitplanung

4. L e r n z i e l k o n t r o l l e
mündlich
schriftlich
praktisch

Planung einer konkreten Beschäftigung

Hast du dir auf diese Weise einen Überblick verschafft und für deine Arbeit einen Rahmenplan zurechtgelegt, kannst du bei der *Planung einer konkreten Beschäftigung* folgenden Weg gehen:
Helga Kuhn, Evi Langer und Annemarie Röttges zeigen dir an zwei Beispielen, wie du eine *Beschäftigung für Einzelarbeit* und für *Gruppenarbeit* vorbereiten kannst.

AUSARBEITUNG I

Thema: „Wir malen unsere Umgebung"

Vorschau

I. Voraussetzungen

1. *Gruppenzusammensetzung nach Anzahl und Alter:*
   An der Beschäftigung nehmen sechs Kinder im Alter von fünf bis sechs Jahren teil.
2. *Situation in bezug auf Zeit, Raum, Wetter:*
   Die Beschäftigung ist wetterunabhängig. Sie findet im Schulkindergarten um neun Uhr statt, da Frau Trapp anschließend ebenfalls eine Beschäftigung durchführt und die Kinder um 11.30 Uhr abgeholt werden.

II. Vorbereitung

1. *Material pro Kind:*
   ein Bogen Papier
   Malunterlage
   Wachsmalkreiden, gemischte Farben
   eine Wasserfarbe
   ein Pinsel
   ein Wasserbehälter mit Wasser
   ein Schälchen zum Farbe-Mischen

2. *Erwerb der Arbeits- und Spieltechnik:*
Die Anregung für die Maltechnik habe ich aus dem Buch von Peter Gogen: „Handbuch zur Beschäftigung von Kindern." Die Kinder malen zunächst ein Bild, das unsere Umgebung darstellt, mit Wachsmalkreiden. Das ganze Bild wird anschließend mit einer stark verdünnten Wasserfarbe übermalt. (Mit einem dicken Pinsel). Wichtig bei dieser Maltechnik ist, daß die ganze Papierfläche ausgenutzt wird.
Die Wasserfarbe perlt von der Wachsfarbe ab und benetzt nur das von der Wachszeichnung freigebliebene Papier.
3. *Sitzordnung*:
Die Sitzordnung ist im Schulkindergarten nicht so zu treffen, wie ich sie gerne hätte. Für die Kinder wäre es vorteilhafter, wenn jedes einen eigenen Maltisch hätte.
Ich stelle es den Kindern frei, ob sie sich zum Malen setzen oder stehen bleiben wollen.

III. Zielsetzung

1. *Bildungsziele zur individuellen Entfaltung:*
Diese Beschäftigung fördert besonders das Sehen-lernen; das genaue Beobachten der Umwelt und die Wahrnehmung von Details. Durch das genaue Beobachten und die anschließende Wiedergabe im Bild lernt das Kind seine Umwelt kennen und begreifen. Beim Malen entwickelt sich auch der Sinn für Formen und Farben. Die Kinder lernen, eine vorgegebene Fläche Papier optimal zu nutzen.
Da ein Kind mit dem ganzen Körper malt, werden besonders die Muskeln und Sehnen in Händen, Armen, Hals usw. entwickelt und tolpatschige Bewegungen werden geringer. Das Kind bewegt seine Glieder und Werkzeuge sicherer (Schulung der Feinmotorik).
Durch die Vorgabe, sein Bild zu vollenden, wird das Kind zur Ausdauer angehalten.
Bei der abschließenden Bildbesprechung wird die individuelle Ausdrucksfähigkeit gefördert.

2. *Sozialerziehung*:
Das Kind lernt, Rücksicht auf andere zu nehmen, besonders hier, da durch den Raum die Sitzordnung vorgegeben ist. Die Kooperationsfähigkeit wird gefördert, z. B. durch das Austauschen von Farben, Pinsel oder anderen Malutensilien. Ebenso die Hilfsbereitschaft, wenn zum Beispiel ein Wasserbehälter umgefallen ist.

IV. Methode

1. *Einstimmung*:
„Wir leben in einer großen Stadt, in der viele Menschen wohnen. Wo wohnen denn die Menschen?“ Kinder: „In Häusern“. „Wie sehen die Häuser denn aus?“ Antworten: groß, klein, alt, neu, farbig, mit Gärten vorne dran usw.
„Schön, und was gehört denn noch zu einer Stadt?“
Evtl. Antworten der Kinder: Fabriken, Kirchen, Schulen, Kindergärten, Grünanlagen, Autos, Straßenbahnen, Busse usw. „Gut, und wißt ihr auch, wie es außerhalb des Kindergartens aussieht?“
Vermutlich werden die Kinder keine genaue Vorstellung von ihrer gewohnten Umgebung haben. Ich sage deshalb: „Wir wollen jetzt einmal hinausgehen und uns draußen umschauen.“
Draußen betrachten wir uns die Umgebung. Ich mache die Kinder durch Fragen auf Einzelheiten aufmerksam, z. B. „Was seht ihr in den Fenstern?“ (Vorhänge, Blumen usw.) oder „Was ist an einem Haus noch zu entdecken?“ (Schornstein, Dachrinne, Balkon) oder „Was ist alles an einem Baum?“ (Stamm, Äste, Zweig, Blätter) Wir gehen dann wieder hinein.

2. *Durchführung:*
„Wir haben uns draußen unsere Umgebung angesehen und wollen versuchen, ein Bild davon zu malen. Was könnten wir dazu verwenden?“ Antworten der Kinder: Malstift, Wasserfarben, Wachsmalkreiden, Fingerfarben.
„Ja, gut, aber habt ihr auch schon mal mit zwei Arten von Farben gemalt? Z. B. mit Wachsmalkreide und mit Wasserfarben auf ein Blatt Papier?“ Kinder antworten vermutlich mit Nein. „Dann wollen wir das heute mal probieren, ja? Zuerst malen wir das Bild mit Wachsmalkreide auf unser Papier. Dabei achten wir darauf, daß unsere Zeichnung das ganze Blatt ausfüllt. Es sollen keine weißen Stellen übrig bleiben, denn draußen gibt es ja auch keine weißen Stellen! Wo keine Häuser oder Bäume stehen, sieht man den Himmel.“
„Wenn ihr mit dem Wachsmalbild fertig seid, möchte ich es gerne sehen. Jedes Kind nimmt dann einen Pinsel, füllt damit Wasser in das Schälchen zum Mischen. Dann taucht ihr den nassen Pinsel in die Wasserfarbe und gebt ein wenig Farbe davon in euer Mischschälchen. Jetzt hat jeder ein farbiges Wasser in seinem Schälchen. Mit diesem farbigen Wasser wollen wir unser Wachsmalbild ganz vorsichtig übermalen.“
„Ihr seht, daß die Wasserfarbe das Bild nicht zudeckt, sondern von der Wachsmalkreide abperlt und nur da hinkommt, wo das weiße Papier etwas durchschimmert.“

3. *Rollenverteilung:*
Beim Gespräch werde ich die Führung übernehmen. Beim Malen halte ich mich im Hintergrund, beobachte, ob die Kin-

der die Anweisung beachten, das ganze Bild zu bemalen und beantworte auftretende Fragen.
Bei der gemeinsamen Besprechung übernimmt das jeweilige Kind mit der Erläuterung seines Bildes die Führung.

4. *Abschluß*:
Sind die Bilder der Kinder fertig und etwas getrocknet, werden sie besprochen. Dabei erklärt jedes Kind sein Bild: was es gesehen und folglich gemalt hat.
Nach dieser Besprechung räumt jedes Kind seinen Malplatz auf. Wir gehen in unseren Gruppenraum zurück.
Dort werden die Bilder – mit Namen und Alter des jeweiligen Kindes versehen – aufgehängt.

AUSARBEITUNG II

Thema: „Im Herbst sind die Wege mit vielen in Form und Farbe verschiedenen Blättern bedeckt"
Blätterteppich einer auf Tonpapier mit Pastelltechnik hergestellten Ausschneidearbeit.

I. Äußere Gegebenheiten:

1. *Gruppenstärke*: 8–10 Kinder
Das Thema erfordert die Mitarbeit von mindestens 8 Kindern, um zu einem guten Gruppenergebnis zu kommen. Es wäre auch nicht angebracht, mehr als 10 Kinder an der Beschäftigungsaufgabe teilnehmen zu lassen, da sonst die Gefahr besteht, daß die Gruppenleiterin den Überblick verliert.

2. *Alter*: 5–6 Jahre
Dieses Alter ist angebracht, da diese Beschäftigung in den Bereich der Vorschulerziehung fällt.

3. *Geschlecht*: gemischt
Es ist nicht nötig, Jungen und Mädchen zu trennen, da dieses Thema das Allgemeinwissen beider Geschlechter ergänzt.

4. *Situation*:
a) Ort: Kindergarten
Kinderheim
b) Raum: Ein Gruppenraum, Nebenraum oder Ausweichraum, der für die Dauer der Beschäftigung zur alleinigen Verfügung steht.
c) Zeit: Aufgrund des Themas kann die Beschäftigung nur im Herbst abgehalten werden.

5. *Zusammensetzung der Gruppe*: Die Kinder kommen aus Angestellten- und Arbeiterkreisen.

II. Didaktische Vorüberlegungen:

1. *Allgemeiner Bildungswert der Beschäftigungsaufgabe für Kind und Gruppe:*
   a) Die Fantasie des Kindes wird angeregt. Gleichzeitig wird die Kreativität gefördert, indem das Kind selbstschöpferische Leistungen erbringt.
   b) Das Kind übt soziales Verhalten durch den Umgang mit anderen Kameraden im Gruppenprozeß.
   c) Das Kind gewinnt Sicherheit und wird selbständig im Gebrauch verschiedener Materialien.
   d) Die Konzentrationsfähigkeit des Kindes wird geschult, da es sich längere Zeit intensiv mit einer Aufgabe befassen muß.
   e) Durch die Verarbeitung unterschiedlichen Materials wird das Kind manuell geschickter.
2. *Spezieller Bildungswert der Beschäftigungsaufgabe für Kind und Gruppe*:
   a) Das Kind wird mit der Pastelltechnik mit Kreiden vertraut gemacht. Es erfährt die richtige Handhabung der Kreiden und den Effekt, der beim Verreiben mit den Fingern auf dem Tonpapier entsteht, und es übt sich darin.
   b) Es bemerkt Unterschiede bei verschiedenen Arten von Herbstblättern in bezug auf Farbe und Form.
   c) Es gewinnt Einblick in die Farbvermischung; z. B.: „Wenn ich auf rotes Tonpapier mit blauer Kreide male und diese verreibe, entsteht ein violetter Farbton."
   d) Es lernt den Umgang mit Scheren, wobei das Ausschneiden geübt wird, und mit Klebematerial, wobei das Ausgeschnittene aufgeklebt wird.

III. Methodische Vorüberlegungen:

1. *Materialauswahl:*
   verschiedene (in Farbe und Form) Herbstblätter, Plastiktischdecken oder ausreichend Zeitungspapier zum Abdecken der Tische,
   farbig sortiertes Tonpapier,
   5 Päckchen bunte Tafelkreide,
   pro Kind eine Schere und ein Abfallschälchen, einen großen Bogen festes weißes Zeichenpapier,
   ausreichend Klebematerial.

2. *Erwerb der Arbeits- und Spieltechnik*:
Im Gespräch mit unserem Kunsterziehungslehrer haben wir die wichtigsten Kriterien der Pastelltechnik erfahren und daraufhin selbst ausprobiert. Bei dieser Probe haben wir Kenntnisse in bezug auf richtiges Auftragen der Kreide und in bezug auf Farbvermischung gewonnen.

Verschiedene Möglichkeiten für die Motivation:

a) Steht vor dem Fenster des Gruppenraumes ein Baum, so kann der Fall der Blätter durch die Kinder vom Zimmer aus beobachtet und währenddessen oder anschließend ein kurzes Gespräch geführt werden.

b) Die Erzieherin geht in einer anderen Beschäftigung mit den Kinder spazieren, wobei unterschiedliche Blätter gesammelt werden. Anschließend wird über die Eindrücke des Spaziergangs gesprochen.
Bei dieser Beschäftigung weist man nochmals auf den Spaziergang hin und verwendet die gesammelten Blätter als Anschauungsmaterial.

c) Das Sammeln der Blätter kann auch unmittelbar vor der Beschäftigung durch die Kinder geschehen und dann noch entweder im Freien oder im Zimmer ein kurzes Gespräch folgen.

d) Die Erzieherin kann mit der Gruppe ein passendes Bilderbuch, Sachbuch oder Bilder über Herbstblätter betrachten.

e) Die Gruppenleiterin bringt selbst Herbstblätter mit und schaut diese mit den Kindern an.

Für den eigentlichen Verlauf der Beschäftigung läßt das Thema keine sonderlichen Abweichungen zu; man muß sich bei der Durchführung an die Themengebung halten.

Verschiedene Möglichkeiten für den Schluß:

a) Bei einem Blätterteppich könnte man neben den eigenen ausgeschnittenen Blättern auch noch die gesammelten Blätter abgegrenzt am Rand hinkleben.

b) Die gesammelten Blätter werden bunt durcheinander aufaufgeklebt.

c) Die Kinder haben ihre ausgeschnittenen Blätter bereits nach ihren Vorschlägen auf den Bogen mit dem Baum geklebt. Die gesammelten Blätter werden nun zum Vergleich am unteren Rand befestigt.

Nach reiflicher Überlegung und nach Abwägung der Vor- und Nachteile der fünf Möglichkeiten für die Motivation haben wir uns für Punkt b) entschieden. Diese Möglichkeit erscheint uns am geeignetsten, weil die Kinder schon vorher die Blätter ausgiebig betrachten können und somit ihre Eindrücke bis zu dieser Beschäftigung schon verarbeitet haben. Außerdem nimmt die eigentliche Motivation nicht mehr so viel Zeit in Anspruch und die Durchführung steht nicht unter Zeitdruck.

Für den Schluß wählen wir Punkt c), denn hier kann das Kind seiner Fantasie freien Lauf lassen. Es kann seine Ideen in bezug auf das Thema verwirklichen und erhält zugleich eine Bestätigung seiner individuellen Fähigkeiten. („Meine Blätter sind genauso schön wie die gesammelten.")

3. *Ordnungsform*:
Vier rechteckige Tische werden zu einem großen Rechteck zusammengestellt. An den beiden Längsseiten kommen jeweils vier Kinder zu sitzen; an den Querseiten sitzen zwei Kinder mit dem Rücken zum Fenster, und dem Fenster gegenüber hat der Erzieher seinen Platz. Dieser Platz ist deswegen so gewählt, weil der Gruppenleiter bei der Motivation zum Zeigen der Blätter einen günstigen Lichteinfall benötigt, für alle Kinder gut zu sehen sein soll und trotzdem einen Überblick über die gesamte Gruppe haben muß. Bei der Durchführung wird die Sitzordnung der Kinder beibehalten; nur der Erzieher geht herum, um ihnen eventuell zu helfen. Sind alle Kinder mit dem Ausschneiden fertig, so geht die Gruppe gemeinsam zum anderen Tisch, wo Klebematerial bereitsteht, und klebt ihre Blätter auf.

4. *Beschäftigungsdauer*:
Die Beschäftigung wird wahrscheinlich 35 Minuten dauern. Wir rechnen ungefähr 5 Minuten für die Motivation, 20 Minuten für die Durchführung und 10 Minuten für den Schluß ein. Eine längere Dauer ist nicht angebracht, da sonst die Konzentration der Kinder nachläßt und leicht Unruhe entstehen kann.

IV. Durchführung:

Die zusammengestellten Tische und der einzelne Tisch werden mit Plastikdecken oder Zeitungspapier abgedeckt. In die Mitte des großen Tisches werden das farbig sortierte Tonpapier, die 5 Kreidepäckchen, die Scheren und die Abfallschälchen plaziert. Der große Bogen Zeichenpapier mit dem aufgemalten Baum und das Klebematerial kommen auf den Einzeltisch. Die Herbstblätter liegen am Platz der Erzieherin.

1. *Motivation*:
Die beim letzten Spaziergang gesammelten Blätter werden noch einmal in bezug auf Form und Farbe betrachtet und ein kurzes Gespräch geführt, auch mit Hinweis auf das Fallen der Blätter.

Überleitung:
„Wir malen uns heute einmal so bunte Blätter, die bestimmt ebenso schön werden wie die gesammelten."

2. *Verlauf der Beschäftigung*:

Die Kinder nehmen sich von dem Tonpapier einen Bogen nach ihrer Wahl. Jeweils zwei Kinder bekommen ein Päckchen Kreide.

Nun wird die Technik erklärt: „Ihr nehmt ein Stück Kreide und zeichnet damit ein Blatt auf euer Tonpapier. Das malt ihr etwas aus und verreibt die Farbe mit den Fingerspitzen." Falls die Kinder das nicht verstehen oder zur Vertiefung kann die Erzieherin die Technik vormachen.

Nachdem die Kinder ca. 3–4 Blätter auf diese Weise gemalt haben, kann mit dem Ausschneiden begonnen werden, wozu sich jedes Kind eine Schere und ein Abfallschälchen nimmt.

Sind alle Kinder mit dem Ausschneiden fertig, so geht die Gruppe gemeinsam zu dem Tisch, auf dem das Klebematerial bereitsteht. Die Erzieherin erklärt, was weiter geschieht: „Ihr seht doch den Baum hier. Wo könnten wir denn jetzt die Blätter ankleben?" Die Gruppenleiterin sollte möglichst auf die Vorschläge der Kinder eingehen. Sie sollte aber auch eigene Ideen bereithalten, falls von den Kindern keine Anregungen kommen.

3. *Schluß:*

Zum Vergleich werden die gesammelten Blätter am unteren Rand der Collage befestigt. Anschließend wird die Gemeinschaftsarbeit mit Hilfe der Kinder an einer geeigneten Stelle aufgehängt.

Möglichkeiten der Vertiefung:

a) In einer anderen Beschäftigung können Bilder aus gesammelten und gepreßten Blättern gefertigt werden, z. B. Tiere, Personen, Gegenstände usw.
b) Jedes Kind kann ein Bild zum Thema „Herbst" malen.
c) Aus Knetmasse werden verschiedene Blätter geformt.

V. Absehbare Schwierigkeiten und ihre Lösung bzw. Lösungsversuche:

1. Ist ein Kind schneller mit dem Malen und Ausschneiden fertig als die Gruppe, so kann es eventuell zusätzlich noch ein oder zwei Blätter machen.

2. Hat ein Kind Schwierigkeiten beim Verreiben oder Schneiden, so wird die Erzieherin notwendige Hilfestellung geben.
3. Kann ein Kind sich nur schwer in die Gemeinschaft einfügen, so sollte die Gruppenleiterin versuchen, es durch Gespräch in die Gruppe zurückzuführen. Es ist zu überlegen, ob hier auch Gebote und Ermahnungen angebracht wären.

Da man nicht im voraus alle Schwierigkeiten erfassen kann, muß die Erzieherin fähig sein, aus der Situation heraus zu handeln.

VI. Reflexion:

Überprüfung der praktischen Durchführung in bezug auf die didaktischen Vorüberlegungen.
(Warum war es gut? – Warum kam es nicht an?)

Diesen letzten Punkt sollte man nach einem kleinen Abstand bearbeiten, aber spätestens nach 2 Tagen.

Gestaltungselemente und ihre Zuordnungsmöglichkeiten

Gestaltungselemente

Alles Gestalten geht aus von Punkt, Linie, Fläche, Raum, Farbe und Bewegung. Der **Punkt** ist das kleinste bildnerische Gestaltungselement, das durch Reihung und Häufung Linien, Flächen und Raum ergibt (Rasterung bei Fernsehen und Klischee). Im Unterschied zum Punkt ist die **Linie** kein in sich ruhendes Element, sondern ein dynamisches. Sie zeigt Richtung und Grenze. Findet eine Linie wieder zu ihrem Ausgangspunkt zurück, so umschreibt sie eine leere **Fläche**. Punkte, Linien und Farben können diese Fläche füllen. Flächen aufeinander, aneinander, gegeneinander und übereinander bilden und umschließen **Raum** (Kartenhaus, Bretterstapel). Als eine zeitbedingte, relative Veränderung in der Zuordnung von Punkten, Linien, Flächen und Körpern ist die **Bewegung** definierbar. Das Gestaltungsprinzip der Bewegung wird in dem Moment nachweisbar, wo mit Hilfe eines technischen Mittels diese Bewegung sichtbar gemacht wird.

Gestaltungsprinzipien und Komposition

Die Gestaltungselemente lassen sich in gegenständlicher oder ungegenständlicher Darstellungsweise einander zuordnen. Wir nennen die Art und Weise, wie wir dies tun, Spielregeln für unsere Gestaltung:

Kontraste
- Punkt zu Punkten, Punkt zur Linie, Punkt zur Fläche, Punkt zum Raum, Punkt zur Bewegung, Linie zur Linie, Linie zur Fläche, Linie zum Raum usw.
- dick-dünn, lang-kurz, hell-dunkel, eng-weit, senkrecht-waagrecht, klein-groß, viel-wenig, rund-eckig, gerade-krumm, schnell-langsam, voll-leer, farbig-schwarzweiß, tief-hoch, hoch-niedrig, schief-gerade, steil-flach, kalt-warm, nah-fern, Rot-Grün, stumpf-leuchtend, fett-mager, gelöst-gespannt.

Richtungen – senkrecht, waagrecht, diagonal, zirkulär

Geometrische Grundformen – Quadrat, Rechteck, Dreieck, Kreis

Kubische Grundformen – Würfel, Quader, Pyramide, Kugel, Kegel, Zylinder

Grundfarben – Rot, Blau, Gelb (Grundfarben/Primärfarben)

Mischfarben – Grün, Orange, Violett (Mischfarben/Sekundärfarben)

Komplementärfarben – Rot-Grün, Blau-Orange, Gelb-Violett

Nichtfarben – Schwarz, Weiß

Siehe hierzu Farbenkreis — Farb. Abb. 1
und
Abbildung der Rotationsspielwand — Farb. Abb. 2

Rotations-spielwand

Erklärung zur Abbildung der Rotationsspielwand

Die Rotationsspielwand besteht inhaltlich aus zwei verschiedenen Systemen:

1. Sie ist ein didaktisches Gerät zur Vorführung der elementaren Farbenlehre:
   a) durch schnelle Drehung der blau-gelben Scheibe entsteht die Mischfarbe Grün;
   b) durch schnelle Drehung der rot-gelben Scheibe entsteht die Mischfarbe Orange;
   c) durch schnelle Drehung der rot-blauen Scheibe entsteht die Mischfarbe Violett;
   d) der aus der Physik bekannte Versuch, Spektralfarben zu weißem Licht zu bündeln, läßt sich durch schnelle Drehung der mengengleichen Grundfarben Rot, Blau und Gelb annähernd wiederholen: Es entsteht eine Nichtfarbe.
2. Durch Rotation entsteht eine völlig von der Grundzeichnung abweichende Ornamentik, die zu überraschenden optischen Effekten führt:
   a) Zwei blaue Dreiecke bilden bei schneller Drehung einen blauen Innenkreis;
   b) ein Viereck wird zum Stern mit spiraliger Bewegung;
   e) kreisförmig in einem Viereck angeordnete Schwarz-Weiß-Dreiecke ergeben bei schneller Drehung einen sich deutlich abzeichnenden Kreis, dessen Innenstruktur sich gegenläufig bewegt;
   d) ein Dreieck wird zum roten Kreis.

ZEICHNEN

Arbeitsmaterial, Ausdrucksmöglichkeiten und Techniken.

Als *bezeichenbares Material* bieten sich an: Papier, Tapete, Pappe, Holz, Tafeln, Stoff und Glas. Versuche mit Bleistift und Kugelschreiber **Punkte** zu klopfen und zu stupfen, Linien zu ziehen, zu kritzeln und zu stricheln. Tupfe mit Filzschreiber und Tuschpinsel. Reibe breitflächig Kreiden ab, wische mit Graphit. Zeichne mit Rötel, Kohle und Feder. Zeichne **Linien** dicht neben- und übereinander, schraffiere. Zeichne freihändig und mit technischen Hilfsmitteln **Strukturen,** die man ordnen kann nach den Prinzipien der Reihung, des fließenden und geometrischen Wechsels, der Kreuzung und Streuung.

Charakterisiere Tastwerte wie:

flauschig – kratzig
glatt – rauh
runzelig – gestrafft
stachelig – samtig
strähnig – seidig
rund – eckig
rissig – geschmeidig
feinkörnig – grobkörnig
gespannt – faltig
porig – poliert
borstig – pelzig
schuppig – schleimig
glitschig – griffig
pulvrig – cremig

Abb. 30

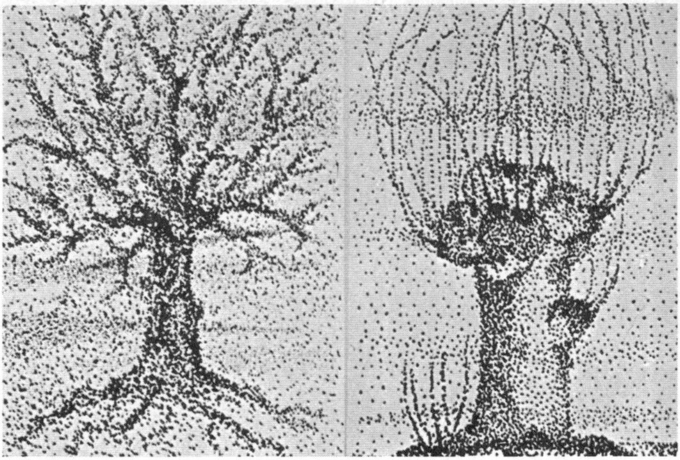

„Bäume im Nebel“ , Feder und Tusche
Studierende, FASP

Abb. 31

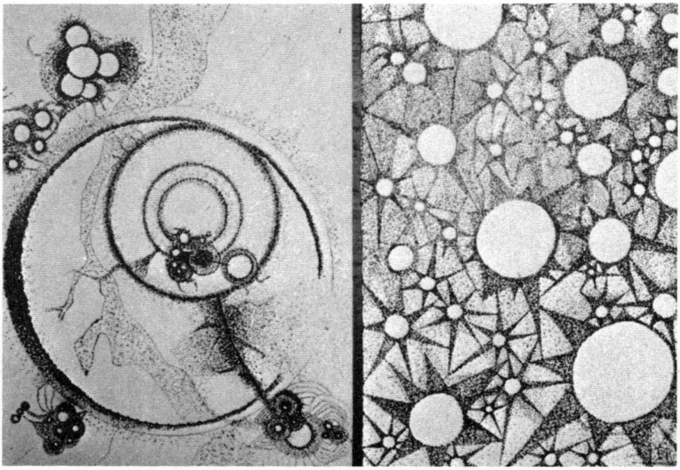

„Gestirne“ , Feder und Tusche
Schüler, Fachoberschule

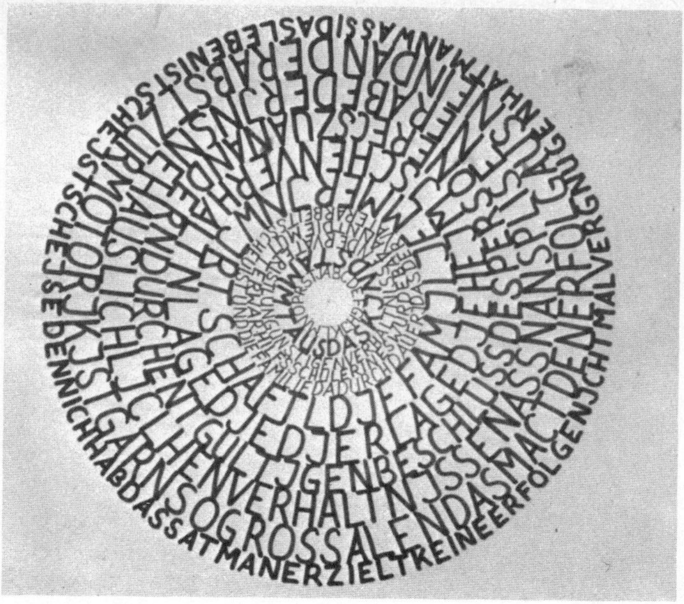

Abb. 32

„Buchstabenkreise“, Deckfarbe
Studierende, FASP

Abb. 33

Rhythmisches Spiel mit Vorschulzeichenschablone und Filzschreiber. Studierende FASP

Abb. 34

Strukturstudie mit Feder
Studierende, FASP

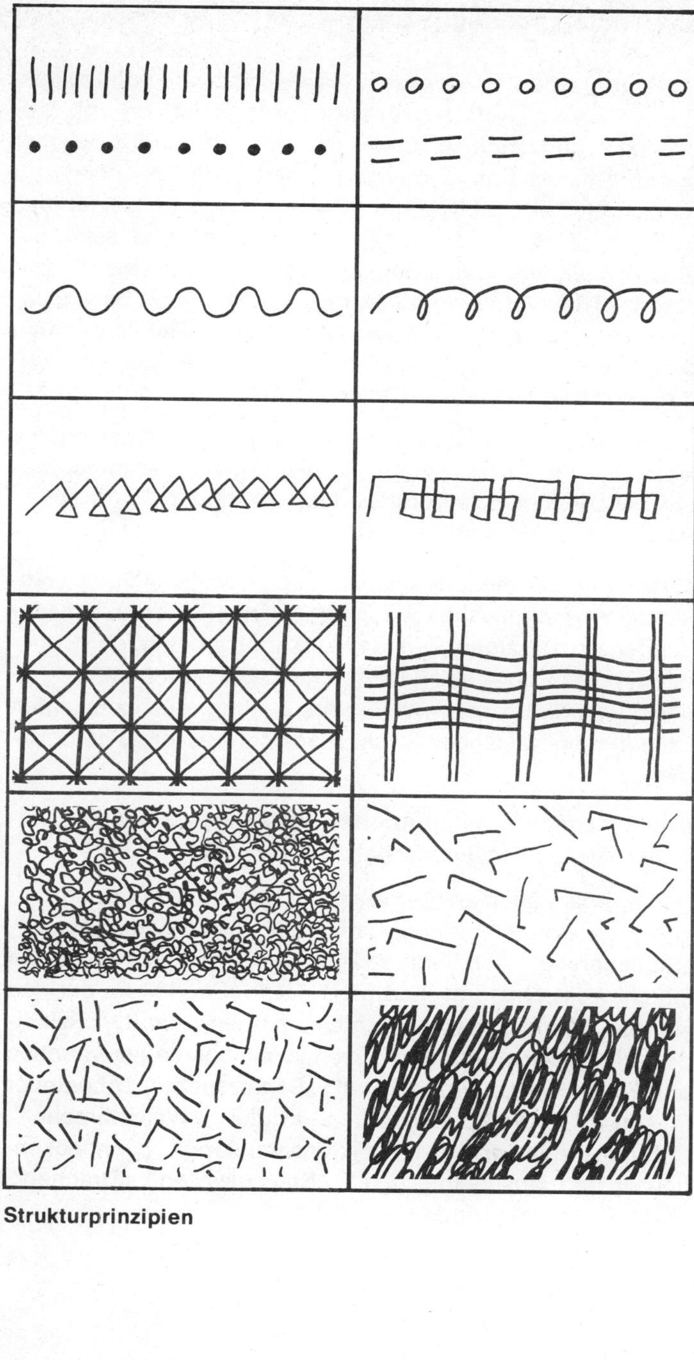

Abb. 35

Strukturprinzipien

Anwendungsbereiche und Tips für die Praxis

Grobmotorisches Zeichnen aus der Atemübung

a) **Kindergarten:** *ungegenständlich* – Kritzeln, beidhändiges, rhythmisches Zeichnen, ornamentales Zeichnen mit abgesetzter und endloser Linie. Belasse das Kind möglichst lange in dieser Phase, dränge es nicht zum Benennen, gib ihm möglichst großflächiges Papier, denn: je kleiner das Kind ist, desto größer sollte die Zeichenfläche sein. Bei unzureichendem Papierangebot verschmieren die Kinder Wände, Türen, Böden und Möbel. „Narrenhände beschmieren Tisch und Wände" ist ein Zitat aus einer Zeit, in der man den Drang der Kinder zum Zeichnen und die Notwendigkeit dafür nicht verstanden und anerkannt hat.

Feinmotorisches Zeichnen

gegenständlich – Labyrinth, Irrwege, Schreibzeichnen, Mensch, Tier, Pflanze, Haus, Szenen und Gegenstände aus dem alltäglichen Erfahrungsbereich der Kinder.

b) **Hort und Schule:** *ungegenständlich* – großflächiges, beidhändiges rhythmisches Zeichnen. Feinmotorische Schwingungen im ornamentalen und dekorativen Bereich, Strukturen, die Tastwerte (Oberflächenbeschaffenheiten) graphisch verdeutlichen, Weiterverarbeitung der gemachten Erfindungen zu einem Strukturmosaik (ausschneiden, kleben).

gegenständlich – differenziertes und ausgeschmücktes Darstellen der Umwelt, Landschaft und Technik.

„Ich erinnere mich an die Ferien", „Landstraße mit Bäumen", „Wie ich wohne", „Szene im Nebel", „Vor dem Spiegel", „Schlagerstar", „Ich fliege im Hubschrauber", „Ich blicke von einem Aussichtsturm herunter", „Die Straße, in der ich wohne", „Mein Schulweg", „Mama hat eingekauft", „Selbstportrait", „Meine Freundin", Szenen aus Abenteuer, Märchen und Entdeckung: „Pirateninsel", „Schatzsuche", „Abenteuer im Urwald", „Die Toteninsel", „Sturmflut", „Wellenbrecher", Naturzeichnen: erfinde „Insektensammlung", „Schneckenhäuser und Muscheln", „Igel", „Stachelwesen", „Drachen", „Kristalle", „Baumrinden"

Abb. 36

„Mondlandung“, Junge 6,1

Abb. 37

„Tigermaske“, Junge 11,2

Sachzeichnen: schildere „Mein Nadelkissen", „Werkzeugkasten", „Meine Krims-Kramsschublade", „Mein Federmäppchen", „Besteckkasten", „Mein Stabilbaukasten", „Ich habe meinen Wecker zerlegt", „Müllplatz", „Zwei Autos stoßen zusammen".

DRUCKEN

Arbeitsmaterial und Techniken

Als bedruckbares Material bietet sich an: alle saugfähigen Papiere und Pappen, unlackierte Holzflächen, oder solche, die mit saugendem Farbgrund bestrichen sind, Stoffe (Appretur vorher auswaschen!) wie: Leinen, Halbleinen, Baumwolle, Seide, Kunstseide, Synthetiks, Filz und Rupfen.

Materialien für einfache und anspruchsvolle Druckstöcke: Kartoffel, Karotte, Blätter, Kork, Pappe, Kordeln, Holz, Linoleum, Gummi, Styropor, Kunststoffplatten (Rhenalon), Metallplatten und alle abdruckbaren Materialien wie: Reißverschlüsse, Knöpfe, Spitzen- und Strukturgewebe.
Für Siebdruck: Holzrahmen, die mit Nylongaze bespannt sind, Schablonenmaterial.

Werkzeuge, Farben und Hilfsmittel: Messer, Linolschnitt- und Holzschnittbestecke, Nadeln, Gummiwalze, Glas- und Resopalplatten zum Auswalzen der Farbe, Hartgummihammer, Handreiber oder Druckpresse für den Abdruck. Spezielle Druckfarben für verschiedene Ansprüche (Japan-Aqua, Druckfarben auf Ölbasis, Stoffdruckfarben). Keine Plaka- und Temperafarben!
Für Siebdruck: Rakel, spezielle Siebdruckfarben

Druckverfahren

Techniken: Je nach Beschaffenheit des Druckstockes können die erhabenen Teile, die Vertiefungen oder die ganze Fläche Farbträger sein. Deshalb unterscheidet man

Hochdruck: Pappdruck, Kordel- und Materialdruck, Linol- und Holzschnitt, Styropordruck
Tiefdruck: Radierung, Kupferstich
Flachdruck: Monotypie, Lithographie
Siebdruck ist ein Schablonierverfahren.

Anwendungsbereiche und Ausdrucksmöglichkeiten

Drucken gibt die Möglichkeit, Zeichnungen zu vervielfältigen. Darüber hinaus bietet der spielerische Umgang mit den Arbeitsmaterialien (Papier, Farbe, Walze, Druckstock) zahllose Möglichkeiten des Ausdrucks, die du durch Zeichnen nicht erreichen kannst.

Wir arbeiten uns in die vielen Drucktechniken folgendermaßen ein:

Monotypie

Verteile gleichmäßig Japan-Aqua-Farbe mit einer Gummiwalze auf einer nichtsaugenden Platte. Die ausgewalzte Fläche soll etwas kleiner sein als das zur Verfügung stehende Papier. Dieses wird lose auf die Farbe gelegt. Zeichne nun ohne das Papier festzudrücken, mit einem Stift oder einem Hölzchen auf seine Oberseite. Dort, wo du zeichnest, drückst du das Papier in die Farbe. Du wirst nicht verhindern können, daß das Papier unabsichtlich oder durch Ungeschicklichkeit auch an anderen Stellen angedrückt wird. Beim Abziehen des Papiers erscheint zum Staunen der Kinder die Zeichnung seitenverkehrt. Die unbeabsichtigten Nebenwirkungen stellen sich jetzt als Werkspuren heraus, die der Arbeit einen besonderen Reiz geben können. Bei weiterer Einübung dieser Technik kannst du diese Werkspuren als Ausdrucksmittel gezielt einsetzen. Den bisher beschriebenen Vorgang nennt der Fachmann **Monotypie** (=Einmaldruck), da das Ergebnis unwiederholbar ist. Für den Erzieher ist sie eine sehr geeignete Vorbereitung auf die folgenden Druckvorgänge, da sie die Technik des Farbenauswalzens einüben und die Seitenverkehrung erkennen läßt.

Werde mit wachsender Erfahrung anspruchsvoller und entwickle mehr Phantasie für technische Variierungen: zeichne vor dem Auflegen des Papiers mit einem Hölzchen in die

Druckfarbe oder wische mit einem Läppchen hinein. Lege geeignete Materialien auf die ausgewalzte Farbe, presse ein Durchschlag- oder Seidenpapier darauf, du bekommst dadurch Aussparungen. Versuche Zweitabdrucke.

Walze allein **Rolle die eingefärbte Walze auf festem Papier** in verschiedener Weise ab: kurze, lange, kurvige Bahnen. Überschneidungen und Parallelen. Spiele mit den verschiedenen Graustufen. Strukturiere den Farbauftrag auf der Walze durch Überrollen von Kordel, Hölzchen, Wellpappe und anderen kräftig strukturierten Materialien, durch zusätzliche Farbtupfer, Wasserspritzer und dergleichen. Die Walzspur verändert sich dadurch.

Stempeln Drücke Fingerspitzen, Handflächen, Korken, Karottenstücke, Holzstücke und ähnliches Material in die ausgewalzte Druckfarbe und stemple sie auf Papier ab. Verdichte, schichte und ordne die **Abdrücke** rhythmisch zu gegenständlichen und ungegenständlichen Formen. Du kannst auf diese Weise auch Stoffe bedrucken.

Pappdruck Nun stellen wir einen einfachen **Druckstock** her. Wir nehmen eine Pappe, die so groß sein soll, wie die geplante Darstellung. Auf diese Unterlage kleben wir gegenständliche oder ungegenständliche Formen aus geeigneter Pappe auf, bis wir eine zufriedenstellende Anordnung gefunden haben. Sind die Formen alle befestigt, wird der Pappdruckstock eingewalzt, Papier darübergelegt und fest angerieben. So entsteht ein erster Druck. Der Druckstock kann nun beliebig oft abgezogen werden.

Eine erste und einfache Form des **Mehrfarbendruckes** kann mit diesem Druckstock leicht arrangiert werden: zuerst wird der fertige Druckstock mit der hellsten gewünschten Farbe eingewalzt. Wollen wir z. B. 10 Bilder herstellen, so müssen wir zunächst 10 Abzüge mit dieser ersten Farbe herstellen. Dann werden aus dem Druckstock die Stücke herausgenommen, die in der ersten Farbe erhalten bleiben sollen. Darauf wird mit der zweiten Farbe eingewalzt und die bereits einmal bedruckten Papiere deckungsgleich überdruckt. Falls gewünscht, können wir diesen Vorgang für eine dritte Farbe wiederholen.

Anstelle von Pappe können wir Kordeln oder geeignete andere Materialien aufkleben.

Kordel- und Materialdruck

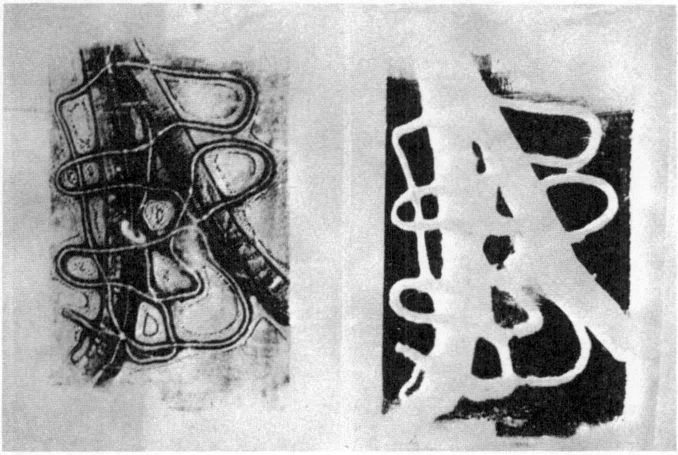

Abb. 38

Materialmonotypie
Studierende, FASP

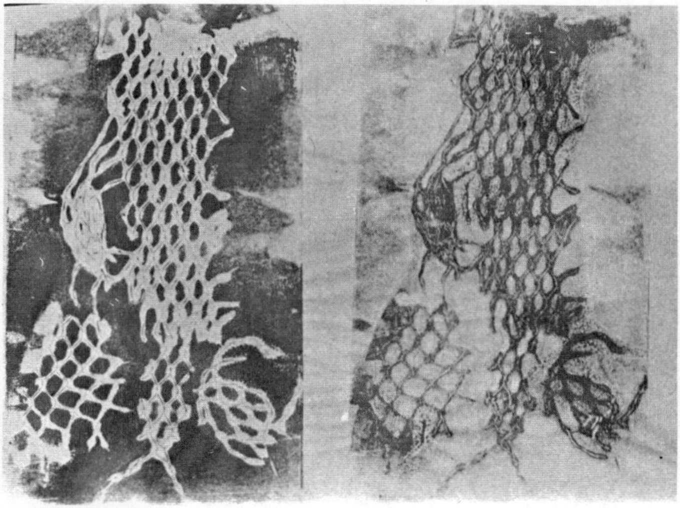

Abb. 39

Netzmonotypie
Studierende, FASP

Abb. 40

„Lok“ mit Walze gedruckt
Studierende, FASP

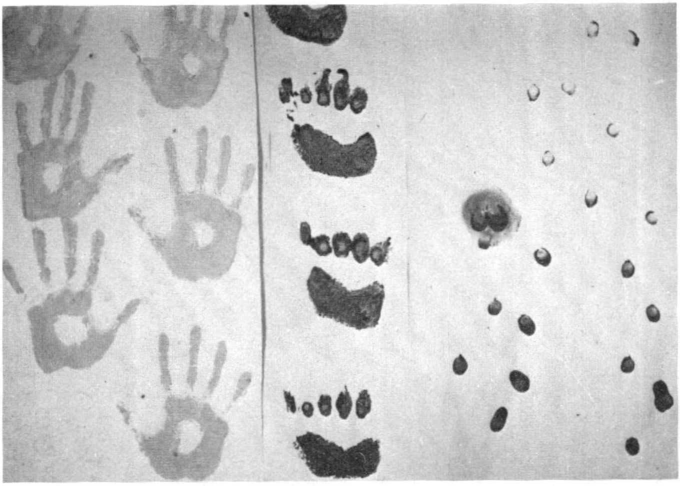

Abb. 41

„Tierspuren“, Kindergarten. Elefant – Bär – Maus

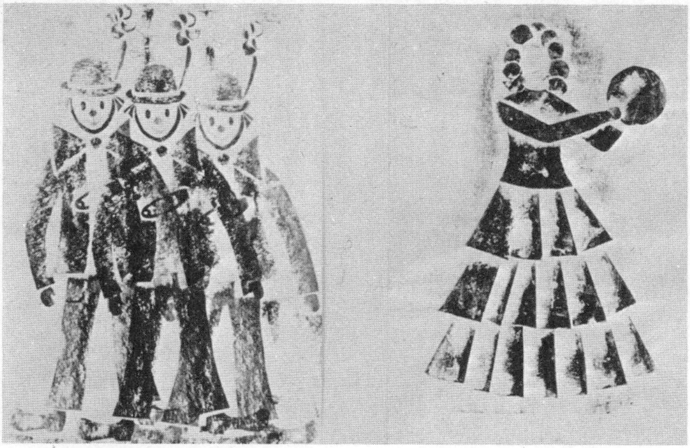

Abb. 42

„Im Zirkus“, Pappdruck
Studierende, FASP

Abb. 43

„Landschaftsstrukturen“, Pappdruck
Studierende, FASP

Abb. 44

Geometrische Strukturen, Pappdruck
Studierende, FASP

Abb. 45

„Vogelschwarm“, Pappdruck
Studierende, FASP

Abb. 46

„Winterbäume“, Pappdruck
Studierende, FASP

Abb. 47

„Altdeutsche Stadt“ , Pappdruck auf Holzstrukturdruck
Studierende, FASP

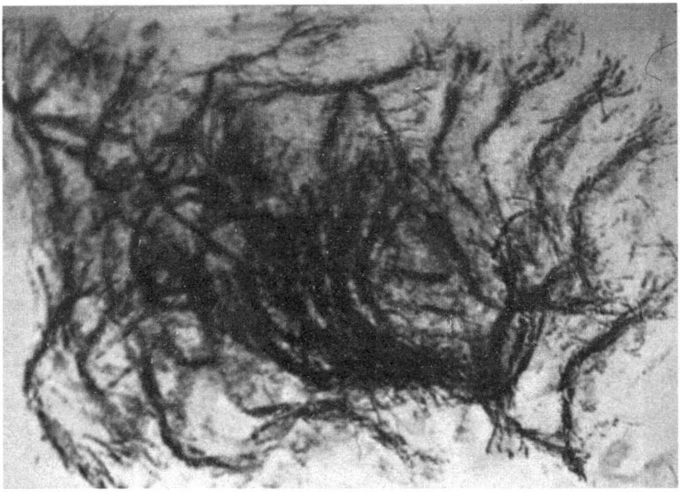

Abb. 48

Aufgezwirbelte Sisalschnur überrollt
Studierende, FASP

Abb. 49

Roll- und Materialdruck
Studierende, FASP

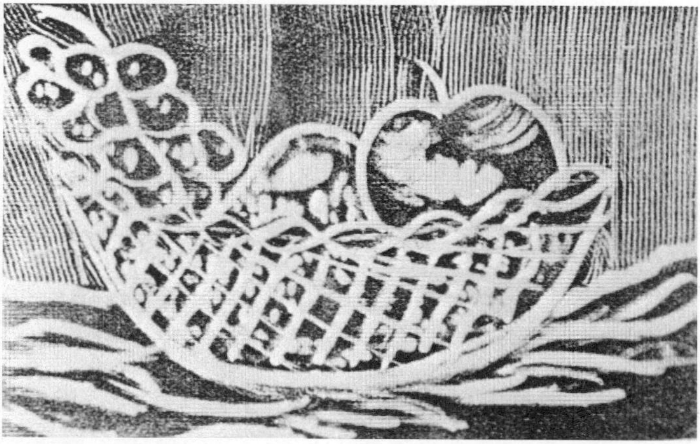

Abb. 50

„Obstkorb“, Styrenedruck
Studierende, FASP

Abb. 51

„Winterlandschaft“, Styropordruck
Studierende, FASP

Abb. 52

„Bäume“, Linolschnitt
Studierende, FASP

Abb. 53

„Maus“, Kaltnadelradierung auf Rhenalon
Studierende, FASP

Rolldruck Zur Abwechslung brauchst du den Druckstock einmal nicht einzuwalzen. Du legst ein Blatt dünnes Papier darüber, nimmst mit der Walze Farbe auf und rollst vorsichtig über das Papier, das du dabei auch bewußt verschieben kannst, um eine Wiederholung gleicher Formen zu erreichen. Die Erhebungen des darunterliegenden Druckstockes drücken sich ab.

Styropordruck Styropor läßt sich eindrücken, schmelzen, mit Lösungsmittel (Tetrachlor, Nitroverdünnung) auflösen. Nimmt man ein besonders feines Styropor und Filzschreiber mit einer lösungsmittelhaltigen Farbe, so kann man Bilder zeichnen, deren Spuren sich in das Styropor einfressen. Walzt man eine so behandelte Platte mit Japan-Aqua-Farbe ein und drückt vorsichtig Papier darauf, so ergeben sich je nach Oberflächenstruktur des Styropors grob- oder feinstrukturierte Bilder, die bei entsprechender Themenstellung von poetischem Reiz sein können.
Durch weiteres Eindrücken mit einem festen Werkzeug, durch Herauskratzen, Schmelzen und Auflösen lassen sich zufriedenstellende Mehrfarbendrucke ähnlich wie beim Pappdruck herstellen.

Linol- und Holzschnitt Ein aufwendiges, aber auch gestalterisch befriedigendes Druckverfahren ist der **Linol- und Holzdruck**. In diesem Material kann man mit Konturenmesser und Geißfuß formale Feinheiten ausarbeiten, die auch fest genug sind, um anspruchsvolle Stoffdrucke damit herzustellen. Das Holz kann wegen seiner lebendigen Struktur auch ohne formale Veränderung als Druckstock benutzt werden.
Für den Mehrfarbendruck muß man allerdings im Gegensatz zum Papp- und Styropordruck für jede gewünschte Farbe einen eigenen Druckstock anfertigen.

Radierung Ausgangsmaterial ist hierfür Resopal, Rhenalon oder Bakelite. Mit einer Nadel oder einem an der Spitze geschärften Nagel (in Fachgeschäften als Kaltnadel zu erwerben) ritzen wir unser Bild und die gewünschten Strukturen in die Fläche. Mit einem Ledertampoon wird Druckfarbe in die Ritzspuren hineingedrückt, die Platte anschließend mit einem glatten Lappen oder weichen Papierhaushaltstüchern vorsichtig blankgerieben, angefeuchtetes Kupferdruckpapier daraufgelegt und unter einer Filzplatte in einer Druckpresse abgedruckt. So entsteht auf einfache Weise eine Radierung, die aber nur bei Einhaltung des technischen Ablaufs befriedigende Ergebnisse entstehen läßt. Es ist eine Technik für Anspruchsvolle.

Themen und Tips für die Praxis

a) **Kindergarten:** *ungegenständlich* – rhythmisches Strukturieren und Schichten der Abdrücke von Fingerspitzen, Händen und Naturmaterialien wie: Kartoffeln, Blättern und dergleichen
Muster mit Papp- und Kordeldruck. Verzieren von Stoffen

gegenständlich – ordnen dieser Abdrücke zu Themen wie „Stadt", „Häuser", „Blumen", „Fische", „Bäume", „Winterlandschaft" mit Styropordruck, „Tiere", „Häuser", „Menschen" mit Pappdruck, Phatasiebilder mit Rolldruck

b) **Hort und Schule:** *ungegenständlich* – anspruchsvolle Muster und Dekors in Streuung und Reihung, mehrfarbige Schichtung der Abdrücke für Bucheinbände und Stoffdruck

gegenständlich – „Landschaft", „Dorf", „Szenen aus dem Alltag" in Papp- und Styropordruck, Phantasiebilder für Assoziationsübungen in Materialdruck, einfache Naturformen in Linol- und Holzdruck, wobei bei Holz die naturgegebene Struktur mit einbezogen werden sollte, Strukturen mit Rolldruck zur Sensibilisierung für Oberflächenbeschaffenheiten, graphisches Umsetzen von Tastwerten.

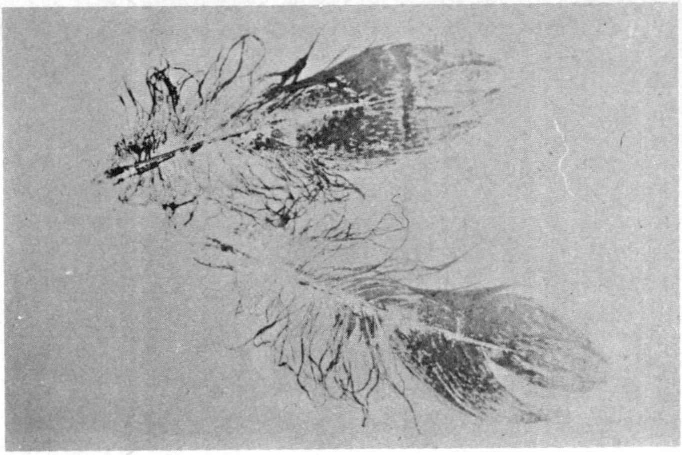

Abb. 54

Abgedruckte Federn, Hort

Abb. 55

„Katzen“ , Blattstempeln, Hort

MALEN

Techniken

Wir haben im Kapitel „Finde“ die Vielfalt der Malmaterialien und Malgeräte kennengelernt. Der technische Umgang mit ihnen bietet wegen der denkbaren Mischformen noch weit mehr Möglichkeiten:

Fingermalen
Pinselmalerei
Aquarellmalerei
Deckfarbenmalerei
Primamalerei
Schichtenmalerei
Hinterglasmalerei
Temperamalerei
Tuschmalerei
Klecksographie
Farbklatschbild
Farbstempeln
Farbblasen
Farbsprühen
Naß-in-Naß-Malerei
Abspreng- und Auswaschtechnik
Dispersions- und Leimfarbenmalerei
Spachteln
Kleistermalerei
Tauchpapier
Papierbatik
Malen mit Stiften und Kreiden
Wachslösen
Wachskratzen/Sgraffito
Wachsbügeln
Enkaustik
Schablonieren
Mischtechniken

Anwendungsbereich, Themen und Tips für die Praxis

Fingermalen Die Technik des Fingermalens eignet sich für die gesamte kindliche Darstellungswelt. Die Kinder lernen, lustvoll mit Farbe umzugehen. Sie verlieren dabei die Angst sowohl vor der Farbe als auch vor dem großen leeren Blatt Papier. Da für jede Farbe ein Finger verwendet wird, um die Farben nicht zu vermischen, wird die Feinmotorik der Hand entwickelt. Bei sechs Farben z. B. hat das zur Folge, daß die Finger beider Hände benötigt werden, da kaum ein Kind mit Daumen oder kleinem Finger gerne malen wird. Daher sollten wir die Kinder viel mit den Fingern malen lassen. Mit der im Fachhandel erhältlichen cremigen Fingerfarbe können wir die Kinder außer auf Papier auch auf Glas und Kacheln malen lassen.

Fingermalen ist für alle Altersstufen geeignet, ja nicht nur das: es ist ratsam, es vorbeugend in die erzieherische Arbeit immer wieder mit hineinzunehmen, um verkrampftes Verhalten nicht entstehen zu lassen. Fingermalen ist nicht beschränkt auf den Umgang mit Fingerfarben, sondern auch Pastell- und Ölkreiden, Dispersions- und Leimfarben, Tempera- und Deckfarben sind mit den Fingern vermalbar.

Pinselmalerei Das Kind soll durch die Handhabung verschiedener Geräte in seiner Handfertigkeit und Phantasie gefördert werden. Schritt für Schritt soll es an flächiges Malen gewöhnt werden und lernen, wie man Farben mischt, wie man Farbschichten aufeinandersetzen kann, wie man transparent und deckend malt. Das Kind lernt den schwierigen Prozeß des Farbauftrages mit Wasser und die Anwendung von fertigen Flüssigfarben. Hieraus ergeben sich verschiedene Malvorhaben:

Aquarellmalerei Die Aquarellfarbe (lat. aqua=Wasser) ist eine leicht mit Wasser vermalbare Farbe aus feinstgemahlenen Farbstoffen (Pigmenten). Sie ist besonders für lasierende Malweisen geeignet, sie ist farbstark und darf nicht mit den landläufig als „Wasserfarben“ bezeichneten Deckfarben verwechselt werden. Wegen des hohen Kostenfaktors und der sehr kleinen Verpackungseinheiten bleibt sie eine Farbe für den Fachmann.

Deckfarbenmalerei

Der Umgang mit den Deckfarben ermöglicht dem Kind Einblick in die Grundlagen der Farbenlehre, des differenzierten Farbauftrages und eröffnet die Grundkenntnisse des Farbenmischens und der Malerei. Unter Verwendung der oben beschriebenen verschiedenen Pinselarten eröffnen wir dem Kind ein weites Betätigungsfeld vom vorsichtigen Aufstreichen der Farbe bis zum temperamentvollen Stupfen, das zu Pinselhieben ausarten kann. Diese verschiedenen Möglichkeiten werden wir dem Kind nicht auf einmal anbieten, sondern als gute, ausdauernde und phantasievolle Beobachter werden wir das Kind langsam an die verschiedenen Geräte und ihre Anwendung gewöhnen und es so in seiner Leistungsfähigkeit mehr und mehr steigern.

Primamalerei

Für das 3–6jährige Kind und alle Malanfänger ist der spontane Farbauftrag (Primamalerei) naheliegend. Sie setzen die Farben meist unvermischt nebeneinander. Durch nachträgliche Korrekturwünsche und das Bedürfnis auszuschmücken und zu verdeutlichen wird die Notwendigkeit des Übermalens erkannt. Die Farbe wird geschichtet. Das Bauen mit Farbe kann nun bewußt in die Malentwicklung miteinbezogen werden. Was man bei der Schichtenmalerei auf Papier, Pappe und andere Malgründe gemalt hat, kann man in umgekehrter Reihenfolge auf eine Glasplatte auftragen. Man bekommt so ein Hinterglasbild. Diese Technik setzt beim Kind Erfahrung mit Deckfarben, Geschicklichkeit und geistige Mitarbeit voraus. Durch das Glas bekommt die Farbe eine besondere Leuchtkraft, die sie auf Papier nicht entfalten kann. Sie kommt damit der selbstbewußten, naiven Mal- und Darstellungsweise der Kinder sehr entgegen. Als Vorbereitung hierzu können wir mit den Kindern Hinterglasbilder und Folkloremalerei in Heimatmuseen und Wallfahrtskirchen besichtigen.

Schichtenmalerei

Hinterglasmalerei

Als Tip für die praktische Durchführung einer Hinterglasmalerei möchten wir empfehlen:

Statt Glas kann aus Sicherheitsgründen steife Klarsichtfolie wie Rhenalon, Astralon o. ä. verwendet werden.

Bei dem Bemalen beginnt man mit den Farben oder Teilen, die bei der normalen Malerei zum Schluß aufgetragen werden. So müssen z. B. rote Bäckchen und Konturlinien zuerst gesetzt werden. Schichte die Farben in dieser verkehrten Reihenfolge soweit, bis du deine gegenständliche oder ungegenständliche Gestaltung für abgeschlossen hältst.

Überdecke zum Schluß als Hintergrund alle Farben mit farbiger Folie, Silberpapier oder blauer Farbe, fasse so deine Farbkomposition nochmals zusammen und steigere auf geheimnisvolle Weise die Leuchtkraft deiner Farben.

Um das Bild aufhängen zu können, befestige auf der Rückseite mit Tesaband einen Pappdeckel. Denk dir je nach Größe und Gewicht deines Bildes eine Aufhängevorrichtung aus!

Temperamalerei

Tempera (lat. temperare = vermischen, vermengen)
Die wasserlösliche Temperafarbe hat einen spezifischen Charakter, der ihr zwischen den Wasser- und Ölfarben einen eigenständigen Platz einräumt. Sie ist für den anspruchsvolleren Maler wegen ihrer größeren Haftfestigkeit, Deckfähigkeit und Ausmischbarkeit geeignet. Sie findet deswegen auch in der Hinterglasmalerei häufig Anwendung.

Tuschmalerei

Ganz besonders dünnflüssige, meist transparente Farben sind die Tuschen. Sie sind neben dem Zeichnen und Schreiben auch für das Malen gut verwendbar. Da Tusche eine andere Oberflächenspannung hat als Wasser, verläuft sie gut auf nassem Untergrund. Daher ist sie für folgende Techniken, die man auch mit verdünnter Deckfarbe durchführen kann, besonders gut geeignet:

Klecksographie

Spritze Tusche mit dem Pinsel auf einen feuchten Malgrund. Es entstehen Kleckse von unterschiedlicher Größe, die zu vielen kleinen, zarten Verästelungen auslaufen. Laß die Farbe aus dem vollen Pinsel oder einem Malschälchen abtropfen. Die Tropfen oder Kleckse verdichten und schichten sich zu Mustern und Gestalten. Sehr phantasieanregend ist es, solche Gebilde dann gegenständlich ausdeuten zu lassen

Abb. 56

„Schneemann“ , Junge 5,1
Fingermalerei, Fingerfarben

Abb. 57

Strukturell ungegenständliche Fingermalerei
Kindergarten

Abb. 58

Strukturell gegenständliche Fingermalerei, „Blumen“
Kindergarten

Abb. 59

„Zwei Tscherburaschka-Bärchen“, Kindergarten UdSSR
Aquarell

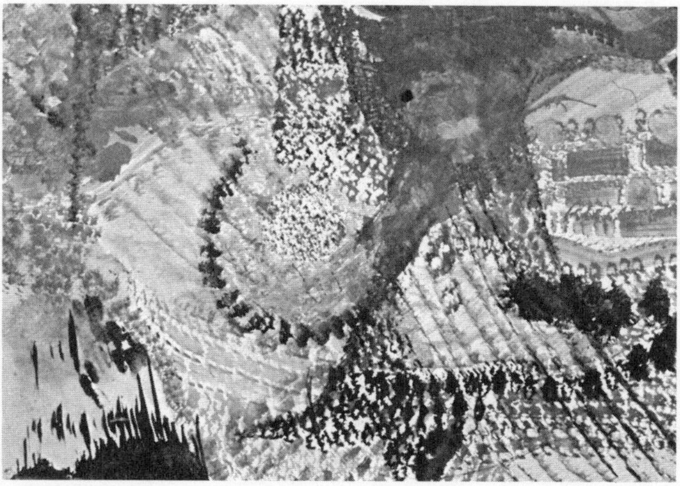

Abb. 60

Deckfarbenmalerei mit Pinselstrukturen nach Musik
Schüler, Fachoberschule

Abb. 61

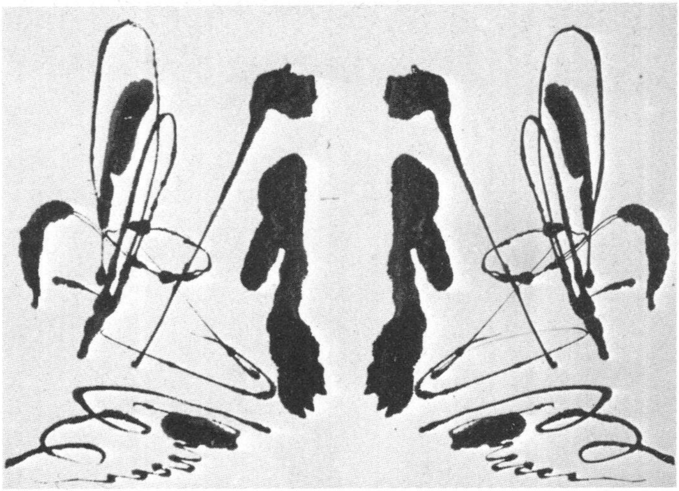

Rhythmische Tuscharbeit, abgeklatscht
Studierende, FASP

Abb. 62

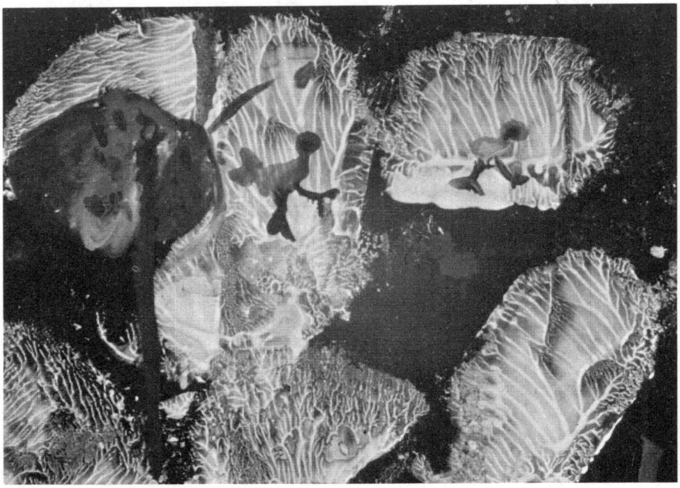

Deckfarbe abgeklatscht, gegenständlich verdeutlicht
Junge 8,3

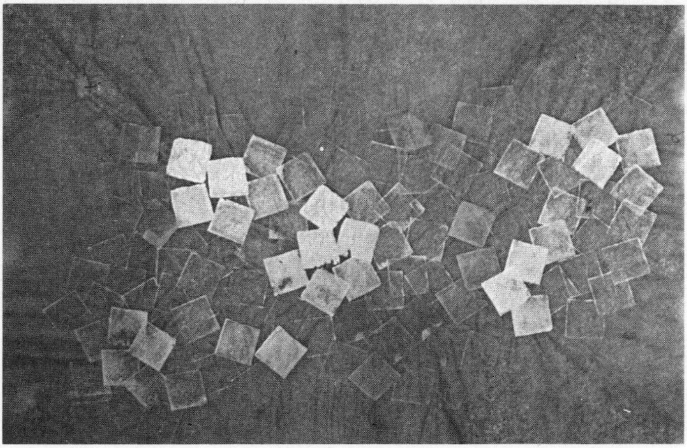

Abb. 63

Kartoffelstempeln, ungegenständlich rhythmisch, einfarbig differenziert, Studierende, FASP

und sie mit einem feinen Pinsel, einer Feder oder Filzstiften genauer zu vergegenständlichen. Solche Tropfgebilde lassen sich auch ausschneiden und zu neuen Bildern zusammensetzen.

Farbklatschbild

Die Farbe wird auf eine Resopalplatte, eine Pappe oder Zeichenpapier gestrichen. Ein Blatt Papier wird daraufgelegt und fest angedrückt. Du kannst mit der Faust darauf schlagen, darüber wischen, mit einer Gummiwalze darüberrollen oder Farbträger und Papier durch eine Druckpresse schieben. Durch den Druck wird die Farbe zu den erstaunlichsten Formen auseinandergequetscht. Durch das Abziehen des Blattes vom Farbträger kann sich der Farbauftrag erneut verändern. Der vorbereitende Farbauftrag kann unterschiedlich erfolgen:

- das ganze Bild wird schnell auf den Farbträger gemalt und abgezogen, solange die Farben noch feucht sind. In dieser Weise arbeiten kleinere Kinder gern.
- die Farben werden nacheinander aufgetragen und abgezogen. Sie können sich dabei überlagern, was bei der transparenten farbigen Tusche zu reizvollen Farbschichtungen führt. Diese Methode ist für Fortgeschrittene zu empfehlen und wird sicher bei farbgeübten Schülern gute Erfolge bringen.

Wichtig ist, daß die Farben noch gut feucht sind, wenn abgezogen wird! Sehr gern werden in dieser Technik symmetrische Bilder gestaltet: ein Zeichenblatt wird je nach Thema im Hoch- oder Querformat in der Hälfte gefaltet. Die Farbe wird auf der einen Blatthälfte aufgetragen und auf die andere hinübergeklappt. Farbträgerseite und Abzugseite bilden ein Ganzes.

Farbstempeln Finger, Hände, Pappformen, Korken, Kartoffelstückchen, Hölzchen und dergleichen kannst du bemalen und abdrücken. Selbst kleine Kinder meistern diese Arbeit schon gut. Mehrere Kinder können auch gemeinschaftlich an einem Blatt arbeiten und jeweils ihre Stempel mit den Stempeln der anderen nebeneinanderdrucken. Dieses gemeinschaftliche Arbeiten verlangt von den Kindern, daß sie gemeinschaftlich planen, sich miteinander besprechen und sich auseinandersetzen.

Das Farbstempeln ist bei Verwendung von geeigneten Farben auch für Stoffdruck anwendbar.

Farbblasen Laß Farbe auf ein Papier tropfen. Die Tropfen können groß oder klein sein. Blase diese Tropfen ganz kräftig, stoßweise von oben an, die Farbe strebt explosionsartig auseinander.

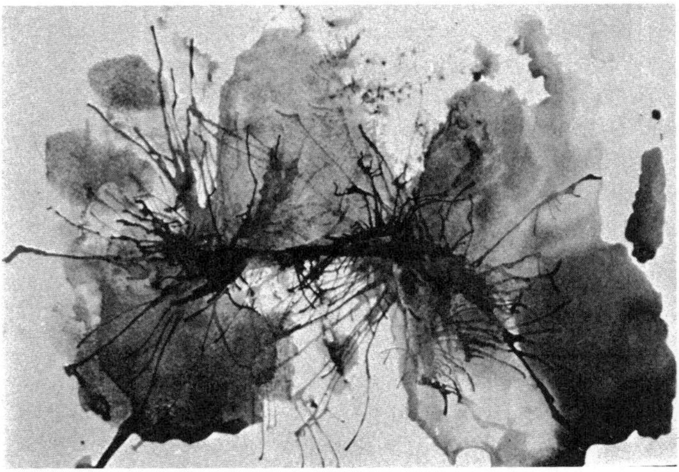

Abb. 64

Farbblasstudie, ungedeutet
Studierende, FASP

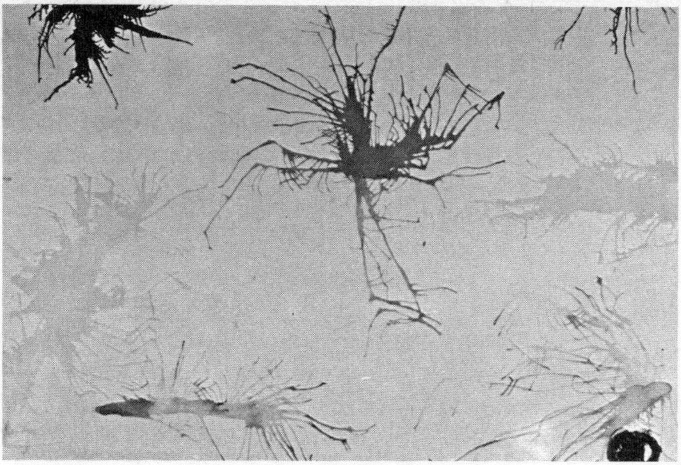

Abb. 65

Farbblasen, nachträglich benannt „Insekten“, Hort

Abb. 65 b

Farbblasen und Farbklatschen
Studierende, FASP

Je mehr Farbe der Tropfen beinhaltet, desto wirkungsvoller ist das Ergebnis. Blase bei einem weiteren Versuch den Farbtropfen kontinuierlich von einer Seite an. Dadurch gibst du der wegstrebenden Farbe eine Richtung, wobei zusätzlich feinste Verästelungen möglich sind. Für ganz gezieltes Verblasen der Farbe benutze einen Trinkhalm.

Abb. 66

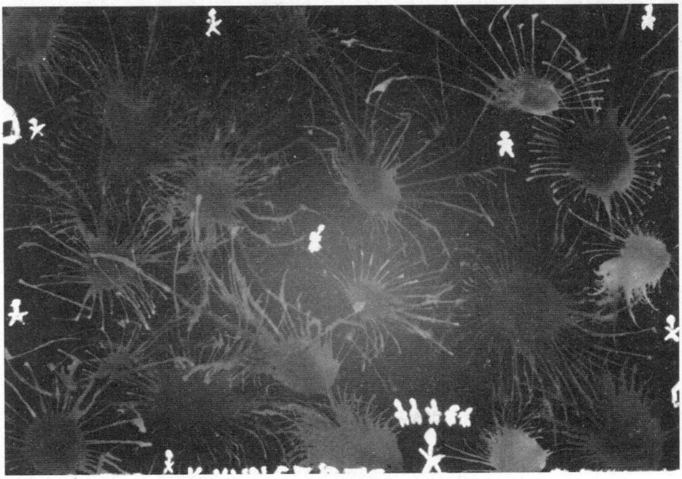

„Feuerwerk", Farbblasarbeit auf Tonpapier
Heilpädagogische Gruppe

Abb. 67

„Orientalische Stadt", Farbsprühen
Studierende, FASP

Farbsprühen Die Farbe wird mit einer kleinen Bürste, einem kurzhaarigen borstenreichen Pinsel oder einer alten Zahnbürste (gut von Zahncremeresten befreien!) über ein kleines Metallgitter oder Drahtsieb gestrichen. Dabei zerstäubt sie und färbt die Fläche. Mit Papierschablonen, Blättern oder verschiedenen Gegenständen, die eine gute Silhouettenwirkung haben, kannst du Flächen aussparen. Mit dem alten Fixativröhrchen oder jedem Zerstäuber läßt sich mit Tusche ähnlich verfahren, wie mit Sieb und Bürste.

Abb. 68

Umsetzen von Farbwerten in Hell-Dunkel, Illustriertenfoto ausschneiden und einfarbig übersprühen
Studierende, FASP

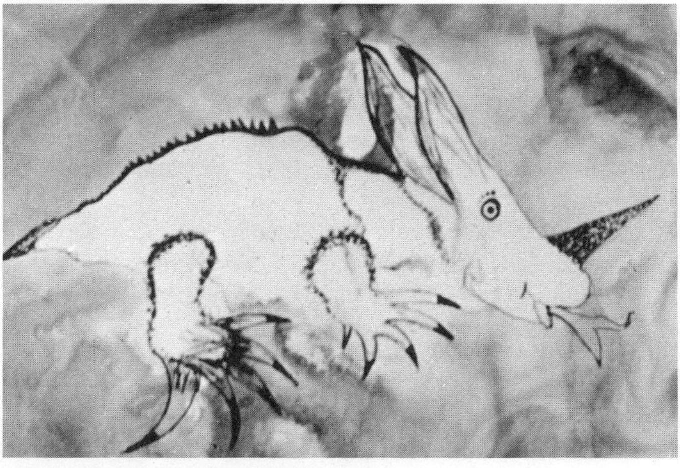

Abb. 69

Naß-in-Naß gegenständlch ausgedeutet
Studierende, FASP

Naß-in-Naß-Malerei

Saugendes Papier wird beidseitig mit Wasser durchtränkt. Darauf kann mit Aquarell-, Tempera-, Deckfarben und Tusche gemalt werden. Charakteristisch für die Naß-in-Naß-Technik ist das Auslaufen und Ineinanderlaufen der Farbflecke. Diese Technik will allerdings gekonnt sein. Versuche zu kontrolliertem Arbeiten hinzuführen!

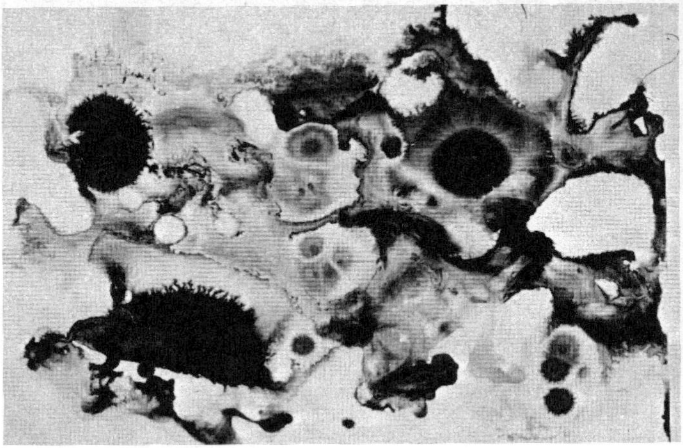

Abb. 70

Tusche auf nasses Papier
Studierende, FASP

Da die Farbe bei dieser Technik durch das Wasser sehr stark verdünnt wird, verliert sie beim Auftrocknen an Leuchtkraft. Mit Lack- oder Wachsüberzug kannst du diese wieder herstellen.
Die Naß-in-Naß-Technik bleibt für diejenigen unbefriedigend, die ein präzises Formenspiel lieben. Durch nachträgliches Hineinzeichnen in die getrockneten Blätter kann man dem formalen Anspruch entgegenkommen.

Absprengund Auswaschtechnik

Auf der Wasserunlöslichkeit von getrockneter Tusche basieren folgende Techniken:

- trage mit pastoser Deckfarbe (weiß oder farbig) deine Zeichnung mit Pinsel oder Feder auf gutes Zeichenpapier auf. Nach dem Trocknen überziehst du das ganze Blatt mit Tusche. Dort, wo sich die Deckfarbe befindet, kann sich die Tusche nicht mit dem Papier verbinden. Nach dem Trocknen der Tusche wird das ganze Blatt abgewaschen. Während des Abwaschens löst sich die Deckfarbe auf und die auf ihr sitzende Tusche wird abgesprengt, daher der Name dieser Technik.

Abb. 71

„Großer Fisch“, Absprengtechnik
Studierende, FASP

– trage Tusche auf ein trockenes Blatt auf und lasse nur die Ränder kurz antrocknen. Dann wasche die noch feuchte Tusche ab und freue dich an den so entstandenen Gebilden, die eine eigentümliche Transparenz auszeichnet.

Dispersions- und Leimfarbenmalerei

Mit den bisher geschilderten Techniken konnten wir nicht gut großformatig arbeiten, da es mühselig und kostspielig ist, von den Deckfarben größere Farbmengen abzulösen. Wir brauchen ein Farbmittel, das preiswert und leicht in großen Mengen zur Verfügung gestellt werden kann. Auf Malwänden, großen Packpapierflächen auf Tischen und Böden, Pappkartons und für Malaktionen im Freien kannst du mit breiten Pinseln und Fellwalzen die Farbe großzügig und -flächig für deine gestalterischen und schmückenden Ziele verwenden.

Spachteln

Du kannst Leimfarbe auch so dick anrühren wie einen Pudding und sie dann mit einem messer- oder kellenförmigen Gerät aus Holz, Bein, Kunststoff oder Metall auftragen, verspachteln und in großen Bewegungen bahnenförmig über die Fläche hinweg rhythmisieren.

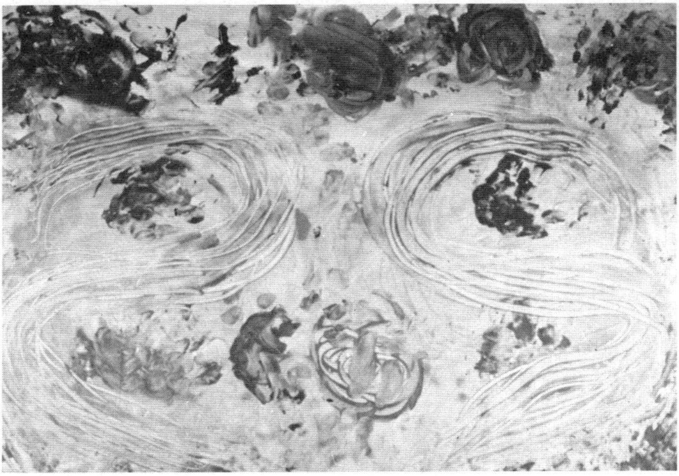

Abb. 72

Rhythmisch ungegenständlich, mit gekratzter Atemspur
Mädchen 12,1

Kleistermalerei Bei dieser Technik muß du zunächst Papier mit Tapetenkleister dick einstreichen. Male mit Deck-, Tempera- oder Leimfarben hinein. Nach dem Farbauftrag kannst du spontan aus dem Körpergefühl heraus mit Fingern, Stäbchen, Pinselstiel, Spachtel, Kamm und ähnlichen Geräten Strukturen und musikalisch-rhythmische Linienschwünge durch Wegdrücken der Farbe und Freilegen des Untergrundes sichtbar machen.

Tauchpapier Terpentinverdünnte Ölfarbe oder terpentingelöste Wachsfarbe wird in eine Schale mit Wasser gegossen und umgerührt. Die auf dem Wasser schwimmende Farbe bildet dabei mannigfaltige Schlierenformen. Auch durch Hineinblasen kann ich weitere Formveränderungen vornehmen. Lege bei zufriedenstellender Strukturierung der Farbe ein Blatt Papier darauf, das die schwimmende Farbe sofort aufnimmt. Nimm das Papier heraus und lasse es trocknen.

Papierbatik Lege dir ein einfarbiges Blatt Papier (Tonpapier) zurecht. Tropfe mit einer Kerze Punkte darauf, ziehe mit dem Wachskännchen, dem Tjanting, oder einem in heißes Wachs (Teelicht) getauchten Stecknadelkopf Linien, streiche mit breitem Borstenpinsel flüssiges Wachs flächig auf. Ist das

Wachs erkaltet, tauche das Blatt in ein Farbbad (Farbflotte) oder übermale es mit Wasserfarbe. Jetzt erscheint schlagartig dein aufgewachstes Muster.

Abb. 73

Ornamentale Struktur, mit Kerze getropft, mehrfarbig geschichtet, Papierbatik
Studierende, FASP

Malen mit Stiften und Kreiden

Stifte und Kreiden gehören von Anfang an in die Hand des Kleinkindes. Diese Materialien wird das Kind meist noch vor den Malfarben kennenlernen. Achte darauf, daß für die kleine Kinderhand geformte Kreiden (Malbirne, Pfötlikreide) methodisch besser geeignet sind als Kugelschreiber, Bleistifte und Farbstifte, da letztere leicht zu Verkrampfungen der Hand führen und die Schaffensfreude durch technische Mängel (Abbrechen der Farbmine, Leerlaufen oder Eintrocknen der Farblösung) bremsen.

Von besonderer Bedeutung in der Praxis ist die Wachsmalkreide durch ihre mannigfache Verwendbarkeit:

der Wachsmalstift mischt, deckt, stößt Wasser ab, läßt sich mit Terpentin vermalen, ist auskratzbar, schmilzt bei geringer Hitze

Aus diesen Eigenschaften ergeben sich die oben genannten Wachstechniken.

Abb. 74

Malen nach Musik, Wachskreidestückchen gedreht
Schülerin, Fachoberschule

Abb. 75

„Feuerwerk“, Wachssgraffito. Mädchen 8,11

Wachslösen

Trage Wachsfarbe so dick wie möglich auf festen Zeichenkarton oder Pappe auf. Tränke ein Blatt Papier in einer Flüssigkeit, die geeignet ist, Wachs aufzulösen (Nitroverdünnung), lege es auf den bemalten Karton und ziehe es mit einer Druckpresse ab. Je nach Stärke der aufgetragenen Wachsschicht kannst du mehrere Abzüge herstellen.

Wachskratzen Sgraffito

Die Wachssgraffito-Technik kann man zweifarbig Schwarz-Weiß und mehrfarbig ausführen. Wir achten darauf, daß die Wachsschicht, aus der anschließend herausgekratzt werden soll, auf Zeichenkarton oder Folie aufgetragen wird. Zum Abdecken verwenden wir eine zum Wachsauftrag kontrastierende Plakafarbe. Wir beginnen mit dem Auskratzen, wenn die abdeckende Farbe trocken ist.

Wachsbügeln

Zeichne mit Wachskreide möglichst dick auf festes Zeichenpapier. Lege ein weiteres Blatt Papier darauf und erhitze beide Blätter mit einem Bügeleisen. Die Farbe schmilzt und überträgt sich auf das zweite Papier. Beide Blätter sind als Ergebnis gleichwertig.

Enkaustik

Die Enkaustik ist eine Technik, bei der die Wachskreide erhitzt und im heißen Zustand auf Papier, Pappe, Holz, und Gegenständen wie Ostereier aufgetragen wird.

Schablonieren

Die Schablone ist eine ausgeschnittene Vorlage zur Vervielfältigung. Mit ihr haben wir eine Fülle von Anwendungsmöglichkeiten im gegenständlichen und ungegenständlichen Bereich. Die Schablone kann als Positiv- und Negativform verwendet werden, indem du sie auf eine Unterlage legst und Farbe darüberstreichst, oder sprühst (Farbsprühen), oder rakelst (Siebdruck), oder auf Fotopapier belichtest.

Mischtechniken

Das Abweichen von hier genannten Techniken und das Mischen der verschiedenen Gestaltungsbereiche macht schöpferisch. Die Kunstpädagogik nennt das Mischtechniken.

Abb. 76

Mischtechnik, Farbe und Materialreste
Schüler, Fachoberschule

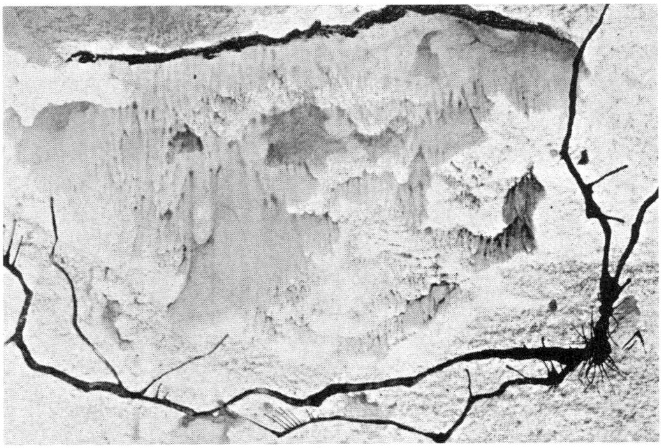

Abb. 77

Mischtechnik, Farbklatschen und Farbblasen, farbig, kontrastreich, Studierende FASP

Farb. Abb. 1
Farbenkreis

Primärfarben, Sekundärfarben und Nichtfarben
siehe Text Seite 84

Spielwand in Ruhe und Bewegung, siehe Text Seite 102 — Farb. Abb. 2

„Rote Blüten“ , Aquarelltechnik. Studierende, FASP
siehe Text Seite 126

Farb. Abb. 3

Farbstrukturen durch Handabdrucke, Fingerfarbe, Kindergarten; siehe Text Seite 126 Farb. Abb. 4

Kraftvoll gestupftes Farbstrukturenbild, Fingerfarbe, Junge, 8. Lebensjahr; siehe Text Seite 126 Farb. Abb. 5

Farb. Abb. 6

„Ornamentaler Schmetterling“, Styrenedruck (Styropor)
Studierende, FASP, siehe Text Seite 122

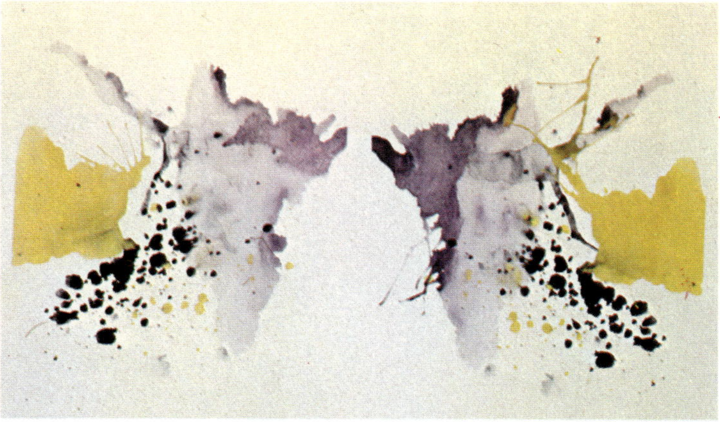

Farb. Abb. 7

Farbklatschbild. Studierende, FASP
siehe Text Seite 133

Blumige Vegetationsformen, Deckfarbenmalerei **Farb. Abb. 8**
Studierende, FASP, siehe Text Seite 127

„Aquarium“, Textilcollage auf Spanplatte. **Farb. Abb. 9**
Gruppenarbeit, FASP, siehe Text Seite 183

Farb. Abb. 10

Wandbehang mit Blüten, Applikation aus Stoffresten Gruppenarbeit Hort, siehe Text Seite 201

Farb. Abb. 11

Dreiteiliger Spielwandparavent, Klappornatmentik auf Lochplatten, umsteckbar. Gemeinschaftsarbeit Studierende, FASP, siehe Text Seite 211

Farb. Abb. 12

„Bahnhofsplatz“, beklebte und bemalte Abfallschächtelchen
Gemeinschaftsarbeit Hort, siehe Text Seite 183

Farb. Abb. 13

Bemaltes und beklebtes Materialbild aus Styroporabfall
Kindergarten, siehe Text Seite 183

Mische

Zeichentechniken – Finger- und Deckfarbenmalerei

Beidhändiges Zeichnen – Finger-, Deck- und Leimfarben
– farbige Kreiden
– Kleistermalerei

Druckprodukte – Reiß- und Klebe-Technik (eigene und fremde)

Monotypie – Farbenklatschen

Collagentechnik – räumliches Bauen aus Pappe und Holz

flächiges Gestalten – räumliches Gestalten

Papiercollage – Materialbild

Ornamentik – Bewegung

Filmen – Zeichnen
– Malen
– Bauen
– Bewegung / Darstellendes Spiel
– Figurenspiel

Schablonieren – Fotopapier belichten

Erfinde noch weitere Mischmöglichkeiten!

Tausche Anregungen mit Kollegen und Freunden aus!

Halte sie fest! Wir bieten dir dafür Platz.

Themen, Mischtechniken, Arbeitsbeispiele

Themen, Mischtechniken, Arbeitsbeispiele

Themen, Mischtechniken, Arbeitsbeispiele

Themen, Mischtechniken, Arbeitsbeispiele

Themen, Mischtechniken, Arbeitsbeispiele

Themen, Mischtechniken, Arbeitsbeispiele

Themen, Mischtechniken, Arbeitsbeispiele

Themen, Mischtechniken, Arbeitsbeispiele

Themen, Mischtechniken, Arbeitsbeispiele

Themen, Mischtechniken, Arbeitsbeispiele

Themen, Mischtechniken, Arbeitsbeispiele

Themen, Mischtechniken, Arbeitsbeispiele

Themen, Mischtechniken, Arbeitsbeispiele

Themen, Mischtechniken, Arbeitsbeispiele

Themen, Mischtechniken, Arbeitsbeispiele

Themen, Mischtechniken, Arbeitsbeispiele

Themen, Mischtechniken, Arbeitsbeispiele

Themen, Mischtechniken, Arbeitsbeispiele

Themen, Mischtechniken, Arbeitsbeispiele

Einige Themenkreise

a) vorwiegend für **Kindergarten:** Mensch, Familie, Vögel, Haustiere, wilde Tiere, Fische, Häuser, Blumen, Bäume, Lebensmittel, Fahrzeuge, einfache Gegenstände und Szenen aus dem kindlichen Alltag, Ferien und Festzeiten. Muster und Ornament.

b) vorwiegend für **Hort und Schule:** Anspruchsvollere Weiterführung obiger Themen, Ausweitung der Themenkreise auf die gesamte Umwelt, Erfassen, Darstellen und Erfinden technischer Geräte:
Spielplatz, Großstadt, Bahnhof, Zirkus, Zoo, Schrottplatz, belebte Kreuzung, Zusammenstoß, Strandleben, Schwimmbad, Rodeln, Parkplatz, Markt, Obststand, Gebirge, kurvige Allee, Landschaft, Hafen, Fasching, Kostüme, Masken, Schaufenster, Menschenmenge, Bauernhof, Indianer, Cowboy-, Piraten- und Abenteuermotive, Zimmereinrichtung, Raumgestaltung, Entwürfe für Stoffmuster, Plakate, Etiketten, Unterwasserbilder.

FARBPAPIERE UND COLLAGEN

Anwendungsbereich und Techniken

Farbenlernen Um das Kind an das Farberkennen und -benennen heranzuführen, läßt du es farbige Papierstückchen aus den vielfältigen Druckprodukten unserer Tage sammeln. Lasse diese nach Farben und Farbnuancen ordnen. Das Kind übt dabei das Farbsehen und -empfinden und lernt auf diese Weise langsam, mit der schillernden Welt der Farbtöne umzugehen. Aus den farbigen Papierstückchen kann das Kind rhythmische Papiermosaike legen, indem es Farben nach Helligkeit und Zugehörigkeit ordnet, nach Familien gruppiert und nach Kontrasten gegenüberstellt. Übe *Gedankenverbindungen* beim Benennen von Farbe. Sprich nicht nur von Gelb, Rot oder Blau, sondern von Maisgelb, Zitronengelb, Blutrot, Kornblumenblau, Veilchenblau. *Gruppiere die Farben nach den Eigenschaften*, die du beim Umgang mit ihnen beobachten kannst: sie sind leuchtend oder trüb, durchscheinend oder deckend, wässrig oder breiig. Berücksichtige auch die Gefühlswerte, die die Farben ausdrücken. Du sagst z. B. „diese Farbe macht mich krank". Mache dir bewußt, daß es traurige und freundliche, blasse und feurige, abstoßende und anziehende Farben gibt. Jeder Mensch hat seine Lieblingsfarbe!

Papiermosaik Aus der Fülle der gefundenen Farbpapiere wählt das Kind die für seine gegenständlichen und ungegenständlichen Themen geeigneten Farbtöne aus, zerreißt sie zu annähernd gleichgroßen Stücken und klebt diese auf eine neutrale oder farbige Unterlage auf.

Transparentarbeiten Für solche *Farbspiele* eignen sich besonders lehrreich die Transparent-, Seidenpapiere und Farbfolien. Auf einer weißen Unterlage oder am Fenster kommt ihre Transparentwirkung zur Geltung. Durch Schichten und Falten wird eine Vielzahl von Farbtönen erzielt. Solche Transparente eignen sich für Laternen- und Fensterschmuck und für Lichtspiel bei Durchleuchtung mit dem Projektor. Farbige Tusche auf

Diagläschen gemalt oder gequetscht eröffnet dir viele neue Seherlebnisse auf dem strukturellen Gebiet. Hier wird deine Phantasie geschult, Assoziationen werden möglich, die zu weiterem Experimentieren anregen.

Collage

(frz. = leimen, aufkleben) Sie ist eine *Klebearbeit* aus farbigem Papier. Sammle eigene Arbeiten (Klatschbilder, verunglückte Malversuche und Drucke), verschiedene Abbildungen aus Katalogen, Illustrierten, Zeitungen und Prospekten und ordne gegenständlich oder ungegenständlich Farben und Formen einander zu. Gesichtspunkte für solche Zuordnungen können erzählender, kritischer, surrealistischer, verfremdender und struktureller Art sein. Du kannst Malfarben, Tusche und Stifte zum Verfremden, Ausdeuten, Übermalen und Steigern der Wirkung verwenden. Rege die Kinder zu weiterem Sammeln und Entdecken, Kombinieren und Experimentieren an.

Abb. 78

„Winterbäume“, Papiermosaik aus Illustrierten
Studierende, FASP

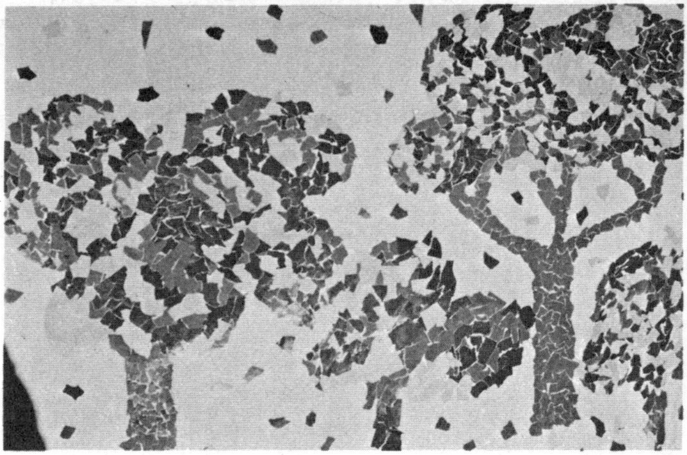

Abb. 79
„Herbstbäume“, Papiermosaik aus Buntpapier
Hort

Abb. 80
„Dürre Landschaft“, Papiermosaik aus Illustrierten
Studierende, FASP

Abb. 81

„Sommerlandschaft", Papiermosaik aus Illustrierten
Studierende, FASP

Abb. 82

Zuordnungsstudie, aus dem heilpädagogischen Arbeitsbereich. Junge 14

Abb. 83
Groteske Collage aus Illustriertenmaterial mit Einfügung eines Linolschnitts (links), Studierende, FASP

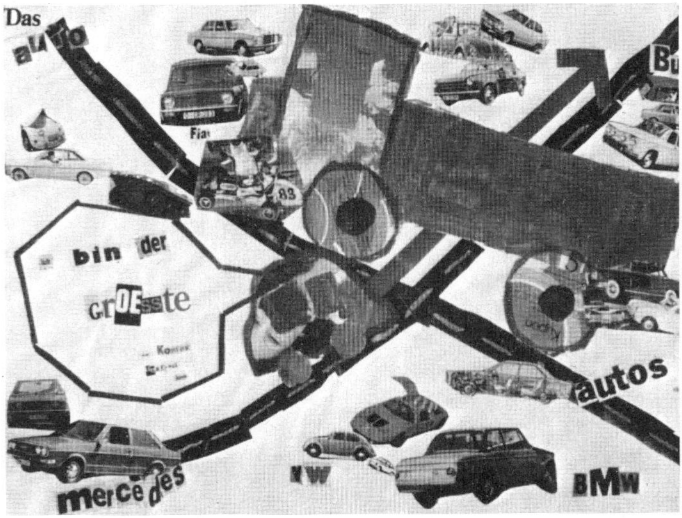

Abb. 84
Collage mit Deckfarbenbemalung
Studierende, FASP

Abb. 85

„Der Verkäufer“, Collage bemalt. Junge 9,5

Abb. 86

„Schaufenster“, Collage und Wachsstifte. Mädchen 13,2

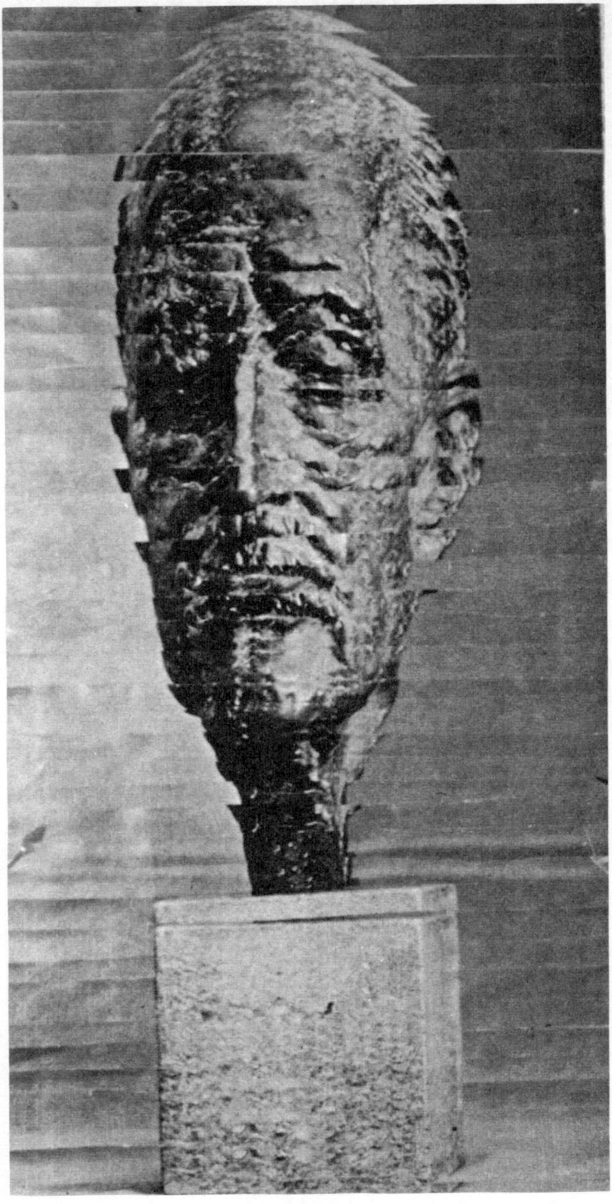

Abb. 87

Schneidearbeit, Veränderung eines Gegenstandes durch Streifenduplizierung. Hort

Abb. 88

Schriftencollage unter Berücksichtigung der Zusammenstellung von ironisierenden Textpassagen
Studierende, FASP

Abb. 89

Verfremdung eines Gesichtes, Illustriertenmaterial. Schülerin, Fachoberschule

Materialbild

Waren es bisher eigene Bilder und Druckerzeugnisse, die du für Collagen verwendet hast, so findest du bei weiterem Suchen überall interessante Dinge, die du mit Phantasie in ähnlicher Weise zu neuen bildlichen Darstellungen zusammenfügen kannst. Solch ein *Materialbild* kann wegen seines Reliefcharakters und der daraus resultierenden Licht- und Schattenwirkung noch wirkungsvoller sein als eine flächige Arbeit. Steigere diese Reliefwirkung auch durch kontrastierendes Bemalen und Besprühen mit Farbe.

Montage

Sie ist im Bereich der Kunsterziehung ein Darstellungs- und Ausdrucksmittel, bei dem sowohl flächige als auch räumliche Elemente bewußt zu neuen Zusammenhängen gefügt werden. Hierbei unterscheiden wir die flächige Fotomontage von der dreidimensionalen Montageplastik. Diese besteht aus linearen, flächigen und räumlichen Elementen, wie Stäben, Platten und Kuben.

Gerümpelbild

Im Unterschied dazu besteht das Gerümpelbild aus allen möglichen Abfallprodukten und Fertigteilen, wie wir sie auf Autofriedhöfen, Dachböden, Schrottplätzen und bei Altwarenhändlern finden. Für kleinere Vorhaben genügen durchaus schon Flaschenverschlüsse, Plastikteile, Steine, Korken, Glühbirnen, Garnspulen, leere Dosen und andere Dinge, wie sie der tägliche Konsum im Haushalt abwirft. Montiere diese Dinge durch Annageln, Aufkleben, Verbinden mit Draht auf geeigneten Unterlagen (z. B. in ausrangierten Schubkästen, leeren Obststeigen).
Das alles kann noch bemalt, besprüht und beklebt werden.

Einige Themenvorschläge: Bilderbuch, unmögliche Tiere und Menschen, Winterbäume, Phantasielandschaften, Blätterteppich, Blumen, Clown, Masken, Texte zum Lesen und Lachen, Farb- und Formenrhythmen, Zersplitterungen, Traumbilder.

WERKEN

Wie wir im Informationsteil definiert haben, meinen wir hier das selbstschöpferische Werken, das realitätsbezogen auf die Kindergarten- und Hortsituation mit einfachen Werkzeugen und preiswerten Mitteln auskommt. Innerhalb dieses Bereichs spielt der nachschöpferische Aspekt des Bastelns durchaus seine gebührende Rolle, auch wenn wir in diesem Rahmen die unzähligen erprobten Anleitungen nicht wiederholen.

Anwendungsbereich und Techniken

PAPIER UND PAPPEN

Papierrelief *Finde* Papiere, die sich zum Einschneiden, Ausklappen und Aufklappen eignen.
Erfinde dafür geeignete Formen.
Wandle die geometrischen Grundformen für dieses Vorhaben ab.
Beachte die Möglichkeit, eine Form mehrmals einschneiden zu können.
Klappe in verschiedenen Winkeln auf.
Verändere die aufgeklappten Flächen durch Verflechten, Einrollen und Umbiegen.

Papierplastik *Klebe* das Papierrelief zur Röhre.
Hinterklebe die schmückenden Öffnungen bei Bedarf mit Transparentpapier.
Forme unterschiedlich lange und dicke Röhren und Kegel. Setze sie mit viel Phantasie zu Bäumen, Figuren und Objekten zusammen.
Baue mit winkelförmig gefalzten Papierstreifen.
Entdecke die Wellpappe in ihren labilen und stabilen Gestaltungsmöglichkeiten.

Biege, rolle, stecke sie zu Masken, Figuren, Bäumen, Gebäuden, Spielgeräten (Kugelbahnen, Zahnräder, Teleskope, Ritterrüstungen), Dosen und Fahrzeuge.

Baue mit Pappschachteln und Pappröhren aller Größen Figuren, Gebilde, Häuser, Räume, spiele Roboter, Boot, Auto und Eisenbahn.

Bemale, besprühe und *beklebe.*
Knülle, umwickle und *umklebe* Toiletten-, Zeitungs- und Packpapier. Forme Figuren und Gebilde.
Verpacke, wickle ein. Spiele Mumie, *bandagiere.*

Laß Kinder Papier zerreißen. *Veranstalte* ein Reißfest. *Freue dich* über so viele entstehende Papierschnipsel, die du durch Versetzen mit Kleister zu Papiermaché und damit zum Plastizieren weiterverwenden kannst.
Schlüpfe in Kartons, Röhren, Papiertüten und -säcke hinein. Verwende sie zum Verkleiden.
Kombiniere mit farbigen Folien, Kreppapier, Kordeln, Netzen und dergleichen.

Papiere und Pappen sind in allen Altersstufen verwendbar und wegen ihrer Vielseitigkeit unerschöpflich. *Differenziere* deine Leistungsanforderungen altersgemäß.

Abb. 90

Ungegenständliche, rhythmische Flächenveränderung, Kompositionsübung durch Schneiden und Verschieben
Studierende, FASP

Abb. 91

Ornamentale Veränderungsaufgabe, Papier einschneiden und ausklappen
Studierende, FASP

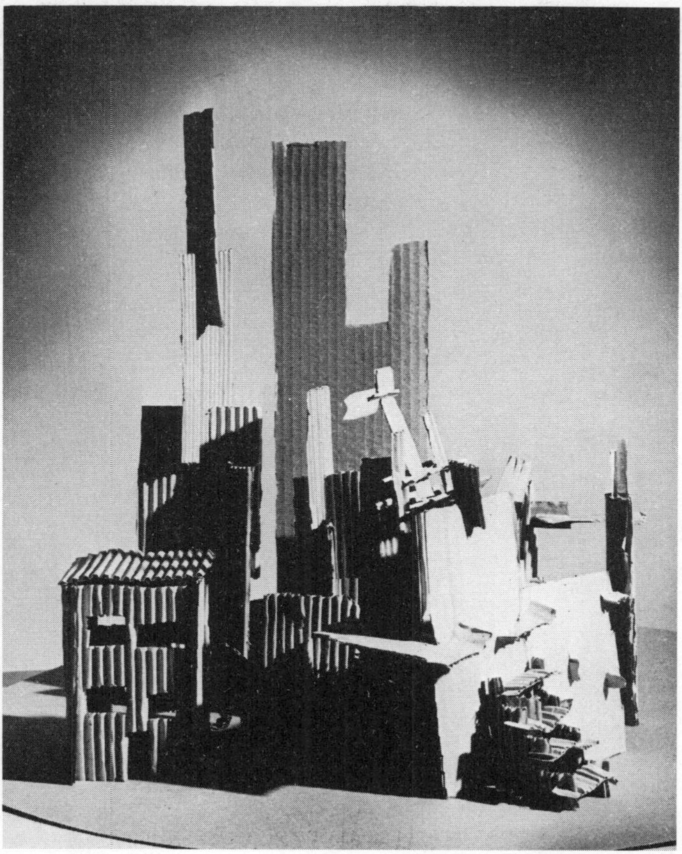

Abb. 92

„Slum am Großstadtrand“ , Bauen mit Wellpappe, Steckverbindungen. Kindermal- und Werkgruppe, Kinderheim

Abb. 93

„Buden, Bäume, Türme", Kindermal- und Werkgruppe, Kinderheim

Abb. 94

Freies räumliches Gestalten mit Wellpappe
Studierende, FASP

Abb. 95

Figuren aus Wellpappe, Mütter, Bildungszentrum

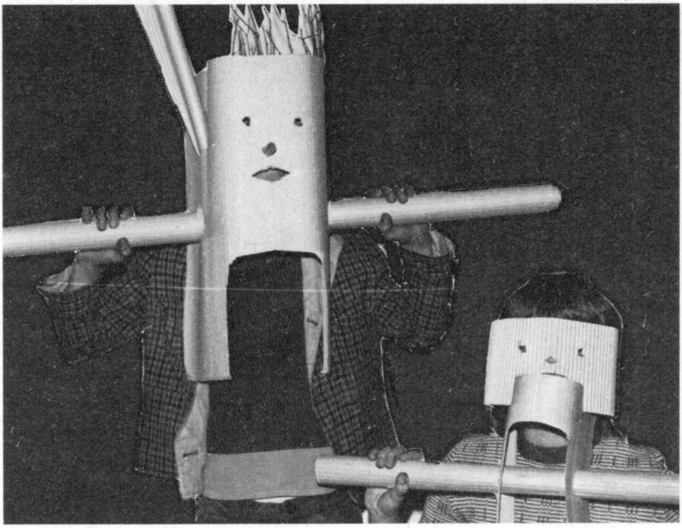

Abb. 96

Kampf- und Tarnmasken aus Wellpappe, Kindermal- und Werkgruppe, Kinderheim

Abb. 97

„Wohntürme“, Pappröhren, Gruppenarbeit der 5jährigen der Kindermal- und Werkgruppe, Kinderheim

Abb. 98

Städtebau aus Papproehren und Abfallschachteln
Gruppenarbeit der 10jährigen der Kindermal- und Werkgruppe, Kinderheim

Abb. 99

Röhren mit farbigem Papier beklebt, ungegenständliche Anordnung, Kindergarten

Abb. 100/I

Gegenständliche Anordnung von farbig überklebten oder bemalten Röhren, Kindergarten

Abb. 100/II

„Lokomotive“ , gegenständliche Anordnung von Röhren und Schachteln, Kindergarten

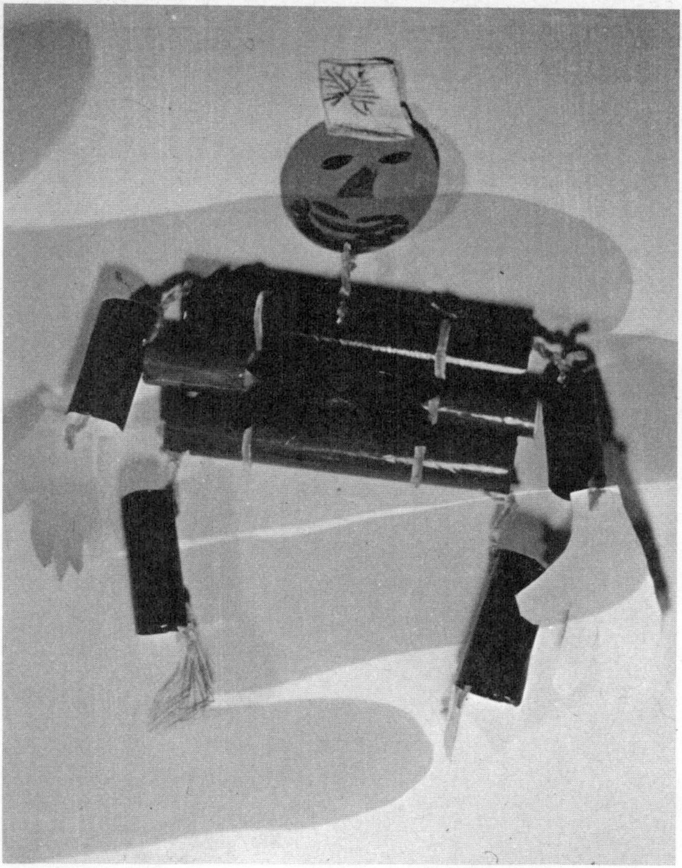

Abb. 100/III

„Schlenkerkerl“, farbig überklebte Röhren, Kindergarten

Abb. 101

Papiertüten zu grotesken Masken ausgestaltet, Volkshochschule

Abb. 102

Papiermasken bemalt und beklebt
Kindermal- und Werkgruppe, Kinderheim

HOLZ

Naturholz

Säubere, schleife, raspele gefundene Holzformen.
Kombiniere sie miteinander.
Verbinde sie fest oder locker mit Leim, Nägeln, Schrauben, Draht und Fäden.
Plane sie als stabile und bewegliche Figuren und Objekte.
Erspüre ihren Bezug zum Raum, *untersuche* ob sie sich hängen lassen.
Verändere durch Sägen, Schnitzen, Bohren und Spalten.
Verdeutliche und *schmücke* durch Bemalen, Applizieren von anderen rustikalen Materialien, Anbinden, Einsetzen und Benageln.

Abfallholz

Versäubere die Schnittkanten und Flächen.
Erspiele zu den vorgefundenen Formen die passenden Bezüge, wie Häuser, Schiffe, Bahnen, Brücken, Dächer, Lastwagen, Tiere, Figuren usw.
Gib geeignete Formen in die Spielzeugkiste.
Verbinde Formen fest oder beweglich.
Verändere durch Sägen, Raspeln, Bohren und Schnitzen.
Schmücke durch Bemalen, Beizen, Lackieren und Polieren.
Verdeutliche durch Daraufzeichnen und Bekleben.
Statte aus mit Stoff, Flachs, Wolle, Fäden und Nägeln.
Gestalte in Gemeinschaftsarbeit Städte, Dörfer, Spielplatzmodelle und andere Projekte u. U. unter Zuhilfenahme von Pappmaché (Landschaften), Farbfolie (Wasser), Holzstäbchen und Holzkugeln.

Loch- und Nagelplatten

Lochplatten sind zwar im Handel erhältlich, aber stelle sie dir selber her unter Berücksichtigung gestalterischer Möglichkeiten.
Ordne Löcher in gegenständlicher und ungegenständlicher Form an.
Färbe Holzstäbchen verschiedener Länge und Stärke und setze sie ein oder
Schlage in eine Preßspanplatte verschieden lange und verschieden starke Nägel ein.

Benutze deine Kenntnisse von Ordnungsprinzipien und *setze* die Nägel nach den Möglichkeiten der Reihung und Streuung, *verbinde* sie mit Fäden nach dem Prinzip der Kreuzung, des geometrischen Wechsels und des Ornaments.

Furnier- und Sperrholz *Säge* Täfelchen und gegenständliche und ungegenständliche Formen.
Schichte sie, *baue* mit ihnen.
Klebe und *nagle* sie.
Schlitze und *durchbohre* sie.
Erfinde Steckverbindungen.
Schneide Formen aus Furnierhölzern und *beklebe* damit Holzflächen.
Du übst hierbei präzises Gestalten. Es lassen sich Ornamente und Figuren einlegen.

Spiel mit Holzleistchen *Säge* von verschieden starken Rundholz- und Kantholzstäben unterschiedlich lange Stücke ab.
Klebe sie spielerisch zu einer zweckfreien Form aneinander, die deinem Bedürfnis nach Rhythmus und Ästhetik entgegenkommen.

Wir können Holz für alle Altersstufen verwenden. Wir steigern die technischen und gestalterischen Mittel mit steigendem Alter und zunehmender Erfahrung.

Abb. 103

Häuschen mit Flach- und Giebeldach, unterschiedliche altersgemäße Gestaltung eines Dreijährigen und eines Vierjährigen

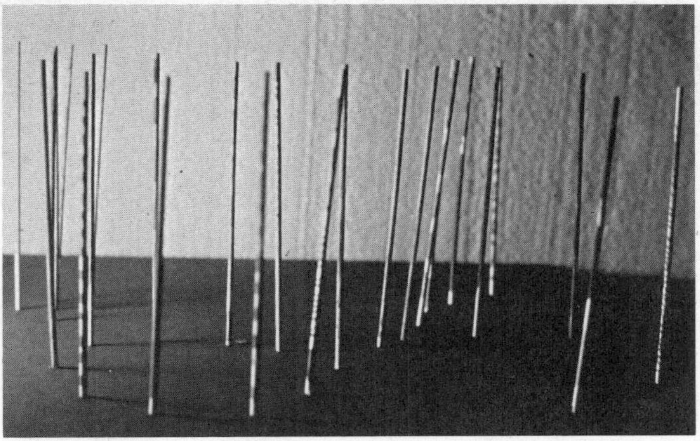

Abb. 104

Beispiel einer Steckkomposition. Lochung der Platte und Bemalung der Schaschlikstäbchen in spielerisch freier Form. Junge 11,2

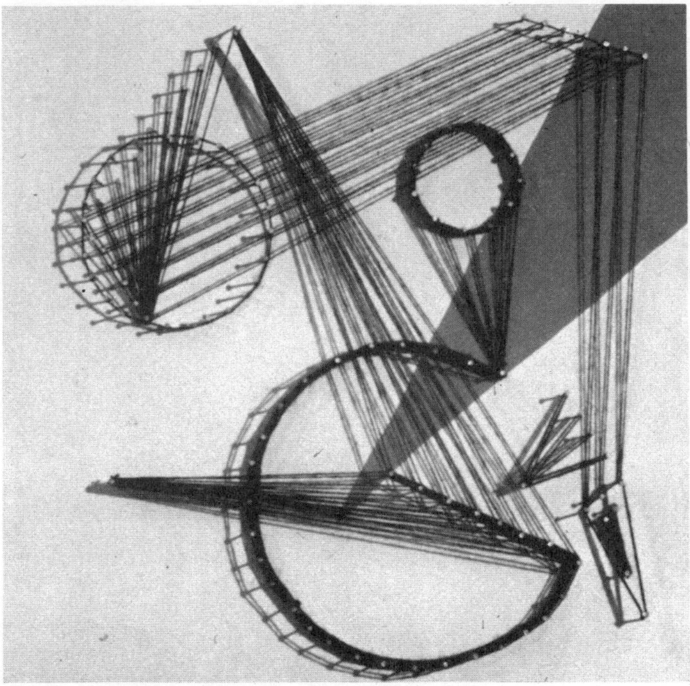

Abb. 105

Ornamentale Fadenverspannung
Studierende, FASP

Abb. 106

„Schaf“ , Marionette aus Wurzelholz, Papprõhre und Wollresten
Junge 8,7

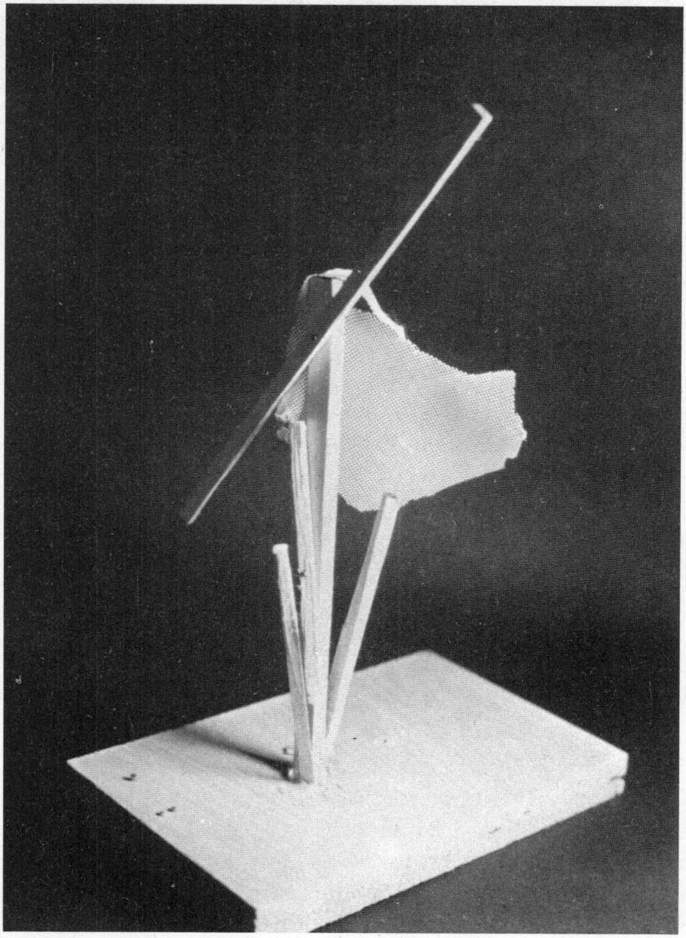

Abb. 107

„Segelboot“ . Junge 5,9

SAND

Sandspiele

Sorge dafür, daß in deinem Gruppenraum ein moderner Sandspieltisch steht.

Sei dir bewußt, daß das Kleinkind mit Sand die ersten gestalterischen Erfahrungen sammelt.

Feuchte den Sand an, damit er sich besser formen läßt.

Modellierendes Gestalten

Außerhalb des Sandspieltisches kannst du den Sand mit Kleisterwasser vermengt zum modellierenden Gestalten verwenden. Dadurch bekommen die Ergebnisse eine gewisse Haltbarkeit.
Setze dem Sand-Kleister-Brei Farbpulver hinzu und *trage* ihn auf Preßspanplatten auf.
Du kannst auch schmückende Beigaben eindrücken, die mit antrocknen.

TEXTILES GESTALTEN

Elementares Weben

Statte eine Spanplatte an zwei sich gegenüberliegenden Seiten mit einer dichten Nagelreihe aus.
Befestige an einem Ecknagel ein kräftiges Garn und spanne es im Wechsel von Nagel zu Nagel gleichmäßig über die Platte. Führe zwischen diese Kettfäden Stoffstreifen nach der Stopfmethode ein. Finde andere geeignete Materialien aus dem Textil- und Naturbereich, die sich zum Einweben anbieten.
Zum Abketten am Schluß verwende je nach Alter der Kinder Alleskleber, Heftklammern oder Nähfaden.

Verändern einer Rupfenfläche

Nimm ein Stück Rupfen.
Ziehe einzelne und mehrere Fäden an verschiedenen Stellen ganz oder teilweise heraus.
Verschiebe Fäden.
Binde Fäden zusammen, *umwinde* sie.
Ziehe andersfarbige, dicke und flauschige Fäden ein.

Knote diese Fäden auf, *belasse* lange Enden büschelförmig locker oder geflochten.
Schneide Gewebestücke heraus und *knote* sie versetzt wieder auf das Gewebe auf.
Ziehe soviele Schußfäden heraus, daß lange Fransen übrigbleiben, die du frei herunterhängen läßt, bündelst, zu Zöpfen verflichst oder netzartig verknotest.
Ziehe das Gewebe zusammen, *raffe* es.
Schmücke durch Bemalen, Bedrucken und Applizieren.
Verziere durch Stopfen mit farbigen Wollen und Aufnähen von Knöpfen, Holzperlen und ähnlichen Raritäten.

Elementares Weben kann auch im Kindergarten bei guter Vorbereitung und entsprechender Hilfestellung durchgeführt werden.
Die Veränderung einer Rupfenfläche in anspruchsvollerer Form bleibt den Hort- und Schulkindern vorbehalten.

Elementares Weben mit breiten Stoffstreifen **Abb. 108**
Studierende, FASP

Abb. 109

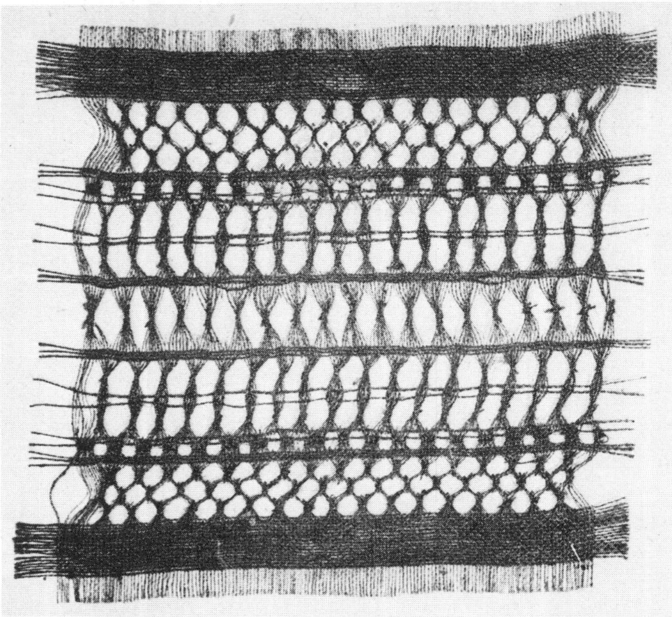

Veränderung einer Rupfenfläche
Studierende, FASP

Abb. 110

„Mexikanische Wickeleien“, ornamentales Fadenwickeln über Holzkreuz. Gemeinschaftsarbeit
Studierende, FASP

PLASTIZIEREN

Elementares Modellieren

Gib den Kindern einen Batzen Modelliermasse, z. B. Ton. Lasse sie damit spielen. *Beobachte* sie dabei.
Rege nach einiger Zeit zu bestimmten Veränderung *an,* wie Flachklopfen, Rollen zu Kugeln und Würstchen, Stauchen, Aufeinandersetzen.
Besprich gemachte Erfindungen in der Gruppe.
Führe zum Gestalten von massiven und hohlen Figuren, Gegenständen und Gefäßen.
Drücke Finger und Gegenstände dekorativ in den feuchten Ton ein.

Engobieren

Bemale rohgebrannte (geschrühte) Platten, Gefäße und Figuren mit Engobe. Engobe ist ein dünner Überzug aus andersfarbig brennender Tonschlämme. Zunächst sieht diese Bemalung recht unansehnlich und eintönig aus. Laß dich von den herrlichen Farben überraschen, die erst durch den zweiten Brand zum Vorschein kommen.
Wenn wir von rohgebrannten Platten sprechen, heißt das nicht, daß wir sie mit den Kindern selbst herstellen müssen. Benutze die Möglichkeit, auf industriell vorgefertigte, unglasierte Produkte zurückzugreifen.

Diese Technik ist auch im Kindergarten durchführbar.

Verwende keramische Platten, Reliefs (durch Löcher und Noppen strukturierte Flächen), Figuren und Gefäße zum Wand- und Raumschmuck.

Abb. 111

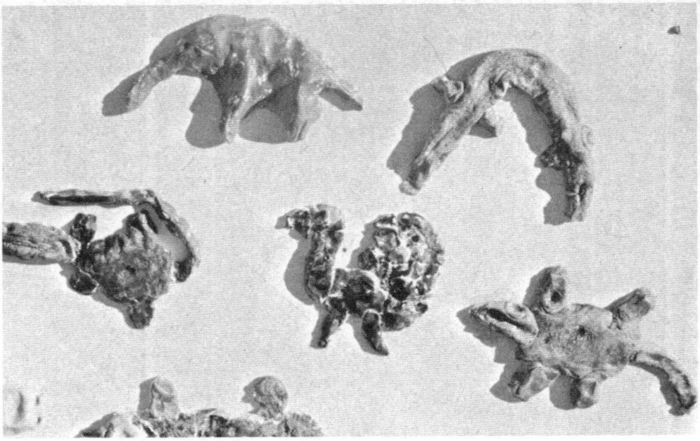

Relieftiere aus Mehl, Wasser und Salz, bemalt
Kindergarten

Abb. 112

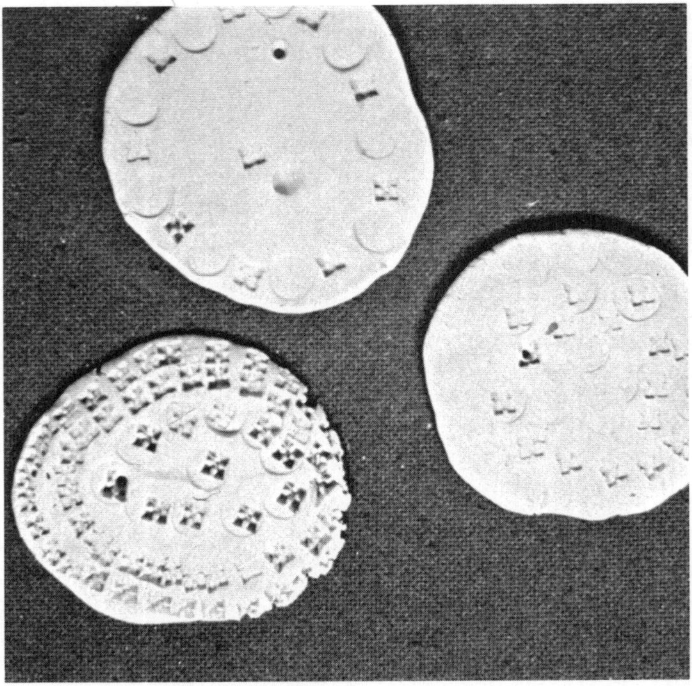

Elementares Tonmodellieren, Strukturreliefs
Kindergarten

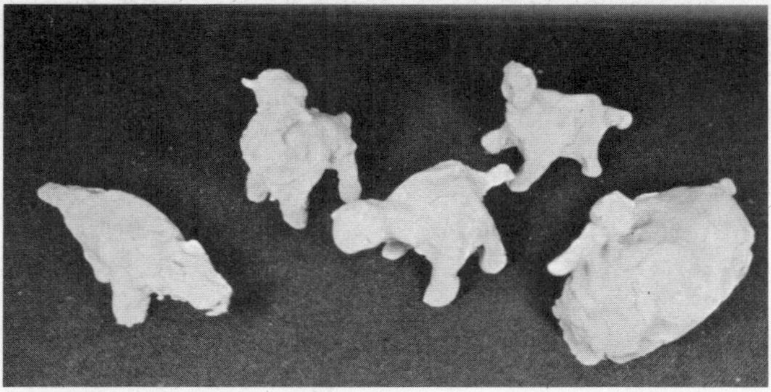

Abb. 112/1

Elementares Tonmodellieren, Tiere
Kindergarten

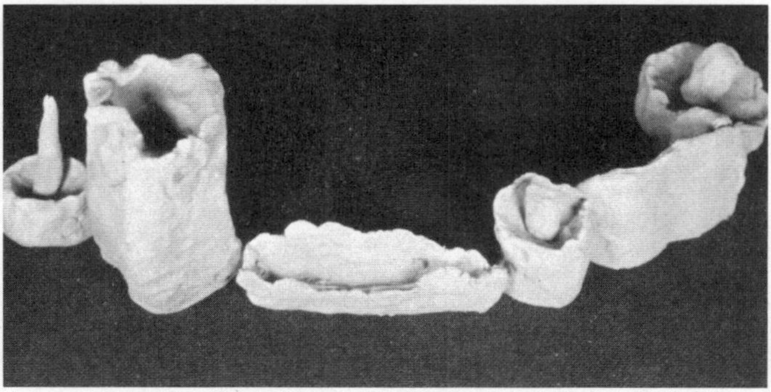

Abb.112/2

Elementares Tonmodellieren, Räume
Kindergarten

KUNSTSTOFF

Gestalten mit Styropor

Laß dich von Styropor-Verpackungen anregen.

Deute Großformen aus.

Baue mit ihnen. Sie sind stabil und zeichnen sich durch Tragfähigkeit aus.

Konstruiere Schwimmobjekte.

Verbinde mit anderen Styroporteilen mit Spezialkleber, Zahnstochern und Schaschlikstäbchen.

Mischtechnik *Kombiniere* mit anderen geeigneten Materialien, wie Abfällen aus Schlosserei, Schreinerei, Schrottplatz und Haushalt.

Verändere durch Sägen, Schmelzen, Zersetzen, Bemalen und Bekleben.

MATERIALBILDER

Strukturrelief *Sammle* gezielt Kronenkorken, Muscheln, angebrannte Streichhölzer, Kieselsteine, Plastiklöffelchen, Döschen, Naturkorken, Zapfen usw. usw.

Verwende Bohnen, Erbsen, Teigwarenformen, Holzkugeln und -perlen, Schrauben, Nägel, Abschnitte von Rundholz- und Vierkantstäben, von Holzleisten, Stroh- und Trinkhalme, Gewebe- und Pelzrest, Loofergurken, Wollbommeln, Styroporchips usw.

Befestige nach dem Prinzip von Reihung, Wechsel, Streuung und Ornament rhythmisch die aus deiner Sammlung gewählten Materialien auf Holz-, Styropor-, Kork-, Papp- und Kunststoffplatten durch Kleben, Einstecken, Annageln.

Einbetten *Bette* auf ähnliche Weise ausgewählte Materiale in Gips, Papiermachée, Tonal, Knet- und Sand-Kleister-Masse *ein.*

Verwende sie auch als Tastobjekte zur Sprachschulung.
Verwende sie für Rate- und Erkennungsspiele.

SPIELOBJEKTE

Spielobjekte sind veränderbare Bilder, die sich entweder selbst bewegen oder bewegt werden können, wir können dabei eingreifen, können ihre Grundkomposition jedoch nicht verändern. Das Material selber wird zum Thema. Spielobjekte sollen beim Betrachter Erstaunen, Überraschung, Spieltrieb und Spielwillen auslösen und kreatives Verhalten fördern.

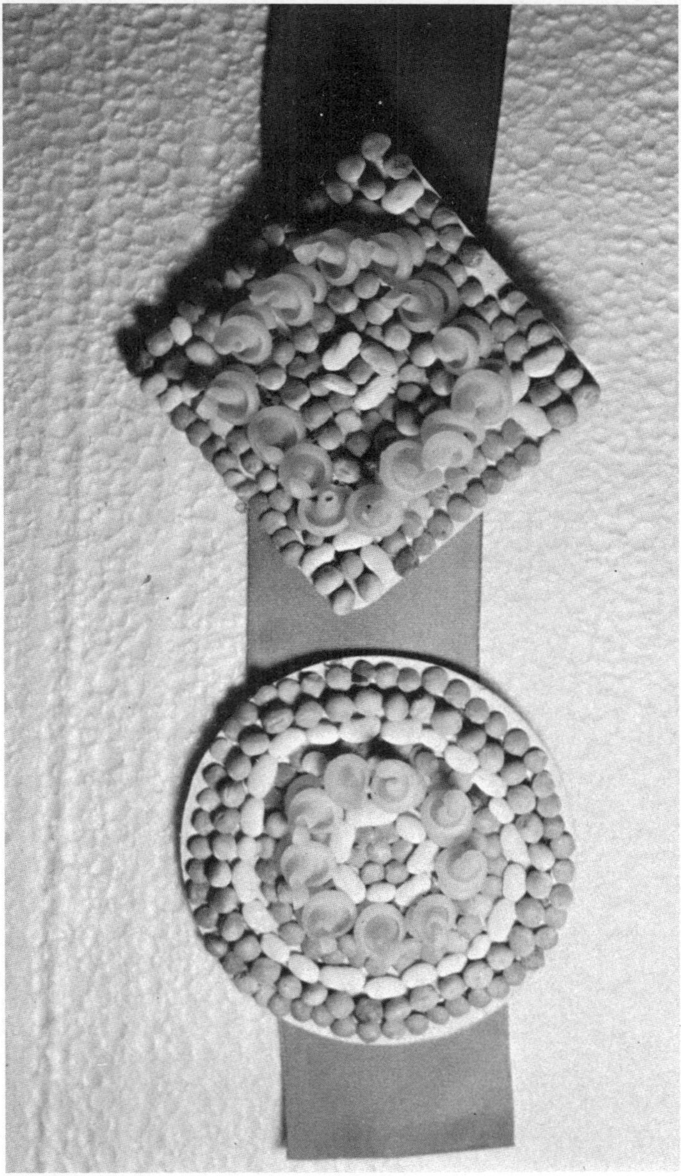

Abb. 113

Bierfilz ornamental mit Hülsenfrüchten und Teigwaren gestaltet. Junge 8,11

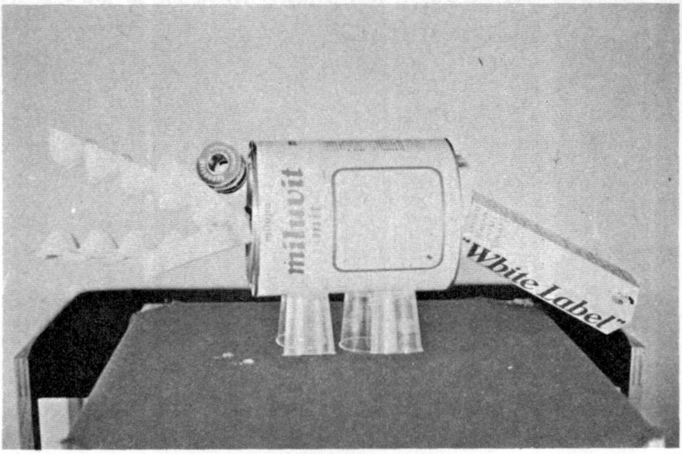

Abb. 114

„Krokodil" aus Dosen, Bechern, Eierkisten
Kindergarten

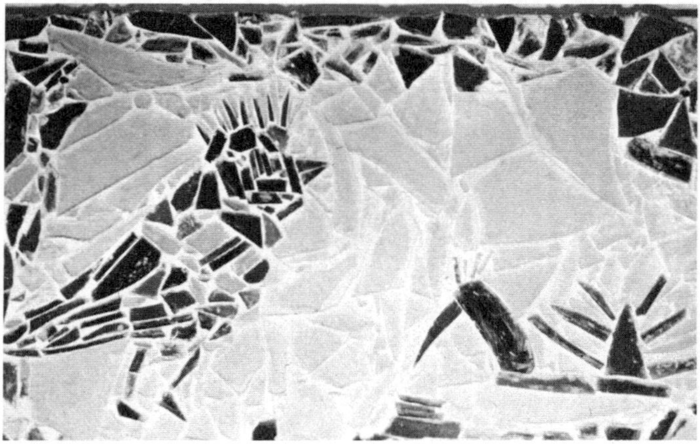

Abb. 115

Glasmosaik in Gips eingebettet auf Spanplatte
Hort

Abb. 116

Bemalte Streichholzschachteln, Dekor durch Fremdbewegung veränderbar. Kindergarten

Abb. 117

Spielbild mit veränderbarer Farb- und Formkomposition (Aus Beyers Reihe „Lehrgeräte zur Farben- und Formenlehre“ unter Gebrauchsmusterschutz 7145479 d. Int. Kl. u. Gr.)

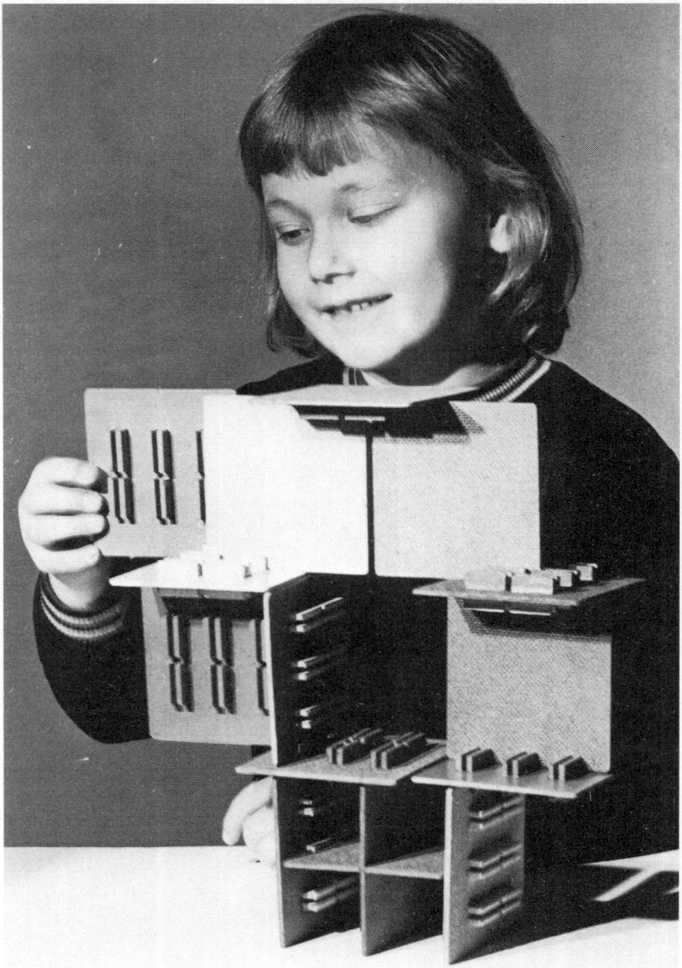

Abb. 118

Zusammensteckbare Plattenelemente aus Holz nach patentamtlich geschütztem Steckprinzip

Mobiles

Hänge Figuren und Gegenstände, die du untereinander beweglich verbindest, mit einem einzigen Aufhänger frei in den Raum.

Nutze die unterschiedliche Schwerkraft und die Luftbewegung zum Rotieren, Schwingen, Wippen und Pendeln aus.

Schubobjekte

Bewege Kugeln, Klötze, Ringe, Schächtelchen auf Schienen, Stangen und in Schüben (Prinzip Streichholzschachtel).

Klappobjekte

Befestige Holz- und Metallplättchen mit Scharniergelenken an Platten und in Rahmen.

Erinnere dich, daß du einfachste Klappobjekte schon aus Papier und Pappe hergestellt hast (Pappierrelief).
Eine anspruchsvolle Ausführung kannst du in Holz mit Farbornamentik bauen (Spielwand).

Rotationsobjekte

Papier-, Papp-, Holz- und Metallelemente befestigst du konzentrisch mit einer Achse auf einer festen Unterlage.
Bewege die Elemente von Hand oder mechanisch (elektrisch, mit Wind- oder Wasserkraft).

Bemale und *schmücke* die Elemente.

Erlebe, wie durch Drehung aus ungeordnetem Farbauftrag eine ästhetische Ordnung entsteht. Neue Formeln entstehen, die vorher nicht da waren und man so gar nicht zeichnen und malen kann, bewegen sich irisierend und ändern je nach Drehgeschwindigkeit ihre Richtung. Farben vermischen sich optisch. (Spielwand mit Rotationselementen zur Farbenlehre).

Spannobjekte

Laß Holz- und Metallteile an Spiralen und Gummibändern wippen, vibrieren und federn.

Spielobjekte sind für jedes Alter in Kindergarten, Hort und Schule durchführbar. Je nach Alter, Erfahrung, räumlichen und technischen Gegebenheiten können einfache oder anspruchsvolle Objekte entstehen. Wir erleben, wie viel befriedigender solche Spielsachen für die Kinder sind, als die perfekt mechanisierten, die man kaufen kann.

FOTOGRAFIEREN UND FILMEN

Lichtbildnereien Wir verdunkeln einen geeigneten Raum und stellen Lampen mit roten Glühbirnen auf. Für die Kinder ist dies ein neues und spannendes Erlebnis.

Laß jedes Kind ein Stück Fotopapier nehmen und sie zunächst ihre eigens vorbereitete Schablone darauflegen.

Schalte dann die normale Raumbeleuchtung für einige Minuten ein (Belichtungszeit ist abhängig von der Lichtstärke).

Sammle die belichteten Fotopapiere ein, entwickle, fixiere und wässere sie in den drei dafür bereitstehenden Schalen.

Nach wenigen Minuten kannst du mit den Kindern die Ergebnisse begutachten. Werde erfinderisch im Ablichten von reizvollen Silhouetten.

Wir fotografieren Warum sollen Kinder nicht fotografieren?

Wir lehren sie, beim Blick durch den Sucher einer Kamera kritisch, bewußt und aktiv zu sehen. Wir machen ihnen Unterschiede zwischen Nah- und Fernaufnahmen, Detail und Totale deutlich, führen sie von ruhenden Motiven zu solchen, die sich schnell bewegen. Wir lassen sie Schnappschüsse machen.

Ermögliche mit technisch unkomplizierten Kassettenkameras bereits im Kindergarten erste Versuche!

Mache aus deinem Spaziergang eine kleine Fotosafarie!

Verwende die Ergebnisse im Kindergarten zu anregenden und lehrreichen Betrachtungen und Überlegungen.

Werte mit Hort- und Schulkindern Negative aus, bevor du Vergrößerungen und Abzüge vornimmst. Nimm dabei Kontaktabzüge zuhilfe.

Besuche einen Fotokurs, wenn du selber Filme entwickeln und vergrößern willst. Laß dich in allen offenen technischen Fragen auf diesem Sektor vom Fotofachmann beraten.

Wir filmen Durch weitgehend automatisierte Kameras ist Filmen heute leichter als Fotografieren. Filmen ist jedoch anders als

Fotografieren. Es bekommt sein Leben aus Bewegungen und Handlungsabläufen.

Trickfilm

Eine Vielzahl von Einzelbildern ergibt einen Bewegungsablauf, der bei 18 Bildern pro Sekunde einer normalen Bewegung entspricht.

Einzelbild

Wir nehmen eine Kamera mit Einzelbildschaltung, die unverrückbar auf einem Stativ befestigt sein muß.

Laß geeignete Teile aus Kinderzeichnungen oder Malereien ausschneiden.

Laß einige Kinder die vor der Kamera aufgelegten Teile vorsichtig in minimalen Veränderungen bewegen. Andere Kinder bedienen reihum den Auslöser der Kamera, und zwar etwa 3–6 mal pro Veränderung. Die Variation der Bildzahl gibt lebendigen Bildablauf.

Führe Regie beim Vorlageverschieben und Aufnehmen.

Bedenke, daß eine handelsübliche Super 8 Filmspule 15 Meter Film enthält, die in 3 1/2 Minuten ablaufen. Beachte, daß deine Filmszenen nicht zu kurz werden. Bei konzentrierter Zusammenarbeit kannst du in ca. 30 Minuten etwa 5 Meter Film belichten, die bei der Vorführung ca. 1 Minute Filmdauer ergeben.

Bewege auf diese Weise geeignete Gegenstände und Figuren vor festem Hintergrund.

Bewege ein andermal den Hintergrund. Dabei können trotzdem die Figuren oder Gegenstände in ihrer Haltung minimal verändert werden.

Bewege nur die Lichtquelle. Du erzielst Bewegung durch Licht und Schatten.

Schaffe Atmosphäre, Nebel, Zauberdünste, indem du dicht vor dem Objektiv Rauch bläst.

Spiele zu deinen Filmen Schallplatten oder Tonbandaufnahmen ab als einfachste Form der Vertonung.

Willst du rückwärtslaufende Bewegungen in deinen Film mit einbauen, dann stelle die Kamera auf den Kopf, schneide diese Szene aus dem fertigen Film heraus und montiere sie seitenverkehrt mit vertauschten Enden wieder ein.

Filme Faxen- und Grimassenschneiden in schnell aufeinanderfolgenden Einzelbildern. In ähnlicher Weise werden normale Handlungsabläufe durch schnelle Einzelbildaufnahmen so zerrissen, daß sie in der Wiedergabe faxig und grotesk wirken.

Einen extremen Zeitraffeffekt erzielst du, wenn du eine aufblühende Pflanze in Einzelbildschaltung über Tage und Wochen hinweg aufnimmst und jede Phase mit etwa 6–8 Bildern festhälst.

Zeitlupe Ziehe eine Bewegung in die Länge. Dies gelingt mit einer Kamera, die wahlweise auch 24, 32, 48, 64 Bilder pro Sekunde aufnehmen kann.
Verfremde und verdeutliche dadurch Bewegungen (schwebende Bewegung, Sichtbarmachen schneller Vorgänge.

Zeitraffer Beschleunige die Bewegung, indem du mit einer dafür eingerichteten Kamera nur 8–12 Bilder pro Sekunde festhältst (Wolken werden zu schnell aufziehendem Wetter).
Halte die Kamera möglichst ruhig.
Benutze ein Stativ mit Schwenkkopf.

Tips fürs Filmen Gestalte filmisch:
- halte eine Szenenlänge nicht kürzer als 4 sec., nicht länger als 8 sec.
- löse Szenen in kurze Naheinstellungen auf
- vermeide Wiederholungen
- sei sparsam mit Übersichtsaufnahmen (Totale) und Panoramen (Schwenks)
- filme mit der Sonne im Rücken
- filme Bewegungen schräg zur Aufnahmerichtung und laß sie auf dich zukommen
- achte auf einen farblich ruhigen Hintergrund
- zerschneide dein Bild nicht durch vertikale und horizontale Linien, lege den Horizont ins untere oder obere Bilddrittel
- Filmen ist Bewegung: filme deshalb beide Seiten eines Geschehens (Gegenschuß), filme aus fahrendem Auto, benutze den Fahreffekt und die Gummilinse (Zoom)

- filme aus verschiedenen Perspektiven: filme kleine Gegenstände aus der Nähe oder von unten, dadurch vergrößerst du sie. Filme Übersichten und große Gegenstände aus der Vogelperspektive
- hole Ausschnitte aus Gesamtansichten heraus
- gestalte bewußt den Vordergrund durch Leerlassen in Kontrast zu einem starken Motiv oder benutze ihn bewußt zur Einfassung einer Szene
- beachte eine filmlogische Szenenfolge

Abb. 119

Spielen und Bauen mit großen Pappkartons

UMWELTPROJEKTE

Raumerleben u. Repräsentation

In einem Zusammenwirken aller gestalterischen Bereiche ermöglichen wir den Kindern im Rollenspiel eine Umweltbewältigung von besonders intensiver Art.

Laß die Kinder Berufe und Situationen auf Abenteuerspielplätzen, Spielwiesen, in Parks und Großräumen darstellend erleben. Werde erfinderisch im Organisieren und Herbeischaffen von Pappkartons, Flaschenkästen, Autoreifen, Netzen, Seilen, Planen, Brettern, Kostümen, Strickleitern, Säcken, Schränken, Autowracks, Tischen, Sitzgelegenheiten, Kanalröhren, Papier und Farben.

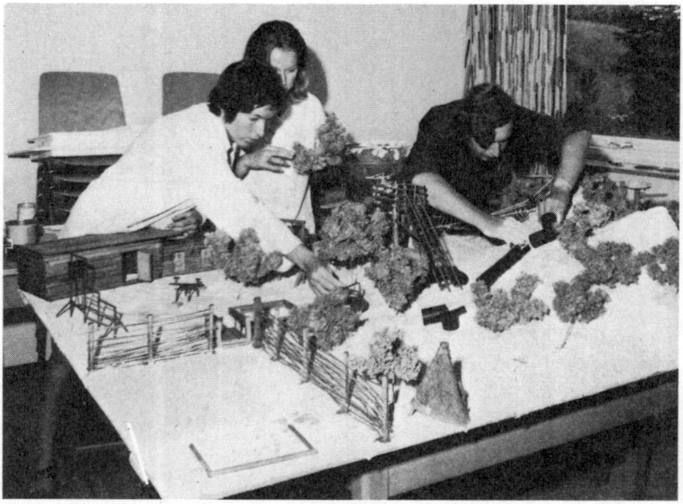

Abb. 120

Es entsteht das Modell eines Abenteuerspielplatzes
Studierende, FASP

MUSEUMSPÄDAGOGIK UND BILDBETRACHTUNG

Kindliche Bildbetrachtung

Die Begegnung mit Kunst sollte nicht nur dem Elternhaus überlassen bleiben. Jedes Kind sollte fähig sein, ein Bildwerk zu betrachten und dabei zu schildern, was es sieht. Wir zeigen den Kindern wiederholt gute Reproduktionen und lassen sie originale Kunstwerke in Museen, Sammlungen und Kirchen erleben. Wir schulen ihren ästhetischen Sinn vor gutgeformten Gebrauchsgegenständen, führen sie in Fachgeschäfte, Ausstellungen und Messen.

Elfriede Plattmeier dachte sich eine *Bildbetrachtung im Hort* etwa so:

AUSARBEITUNG III

Thema: „Edvard Munch – Mädchen auf der Dorfstraße“

Vorschau

I. Voraussetzungen

1. *Gruppenzusammensetzung:* 15 Kinder, Mädchen und Jungen im Alter zwischen 7–10 Jahren.
2. *Entwicklungsstand:* entsprechend dem unterschiedlichen Alter. Ich gehe davon aus, daß sich bei den Kindern der Wandel vom magischen Weltbild des Vorschulkindes zum realistischen Weltbild des Schulkindes bereits vollzogen hat.
3. *Zeit:* Nach der Hausaufgabenzeit am Nachmittag
   Dauer der Beschäftigung: ca. 45 Minuten
   Raum: in ruhigem Nebenraum, damit Störungen vermieden werden können.

II. Vorbereitung

1. *Material:* Bild von Edvard Munch, norwegischer Maler, geb. 1863, gestorben 1944 – Mädchen auf der Dorfstraße. Auf einem Tischchen wird aufgespannte Leinwand, Ölfarbe, Farbpulver und Leinöl und saugfähiges Papier bereitgehalten.

2. *Erwerb der Arbeits- oder Spieltechnik:* Begriffe klären wie: Maler, Ölgemälde, Druck, Ölfarbe, Leinwand. Im übrigen siehe Durchführung.

3. *Sitzordnung:* Die Kinder sitzen im Halbkreis, um das Gefühl der Zusammengehörigkeit zu stärken, mit dem Rücken zum Fenster. Die Kinder werden dadurch nicht vom Licht geblendet und das zu betrachtende Bild erhält eine gute Beleuchtung. Bei der Hinführung sitzt der Erzieher vor den Kindern, bei der Bildbetrachtung seitlich, um mit den Kindern gemeinsam das Bild betrachten zu können, jedoch so, daß er immer noch den Augenkontakt zu den Kindern behält.

III. Zielsetzung

1. *Bildungsziele zur individuellen Entfaltung:* Hinführung zur Malerei. Befähigung der Kinder, ein Kunstwerk zu betrachten und über dessen Aussage nachzudenken. Bekanntmachen mit einem Maler, dessen Art zu malen und mit der Welt, aus der er kommt. Phantasieanregung. Anregung zur Kreativität. Der Sinn für Musisches und Verständnis für die Kunst wird geweckt. Bekanntmachen mit der Technik der Ölmalerei, der Ölfarbe. Spracherziehung durch das Besprechen und Deuten des Bildes. Übung der Konzentrationsfähigkeit.

2. *Bildungsziele zur sozialen Entfaltung:* Bewußtmachen der Außenseiter-Situation des dargestellten Mädchens. Förderung der Kontakte der Kinder untereinander durch das gemeinsame Gespräch. Üben von Rücksicht beim Anhören und Ausredenlassen des anderen.

IV. Methode

1. *Hinführung:* Das Bild hing bereits einige Tage im Gruppenraum des Hortes, so daß es sich die Kinder bereits ansehen konnten. Ich frage die Kinder, ob sie alle das neue Bild schon entdeckt hätten und sage, daß wir es uns heute einmal gemeinsam ansehen und besprechen wollen. Dazu nehme ich das Bild, eine möglichst große, gute Reproduktion, von der Wand.

2. *Durchführung:* Mit Hilfe von gezielten Fragen des Erziehers tasten wir uns an das Bild heran. Folgende Fragen werden den Kindern gestellt, die in Klammern angegebenen Antworten sollen von den Kindern möglichst eigenständig kommen:

   a) *Was sehen wir auf dem Bild?* (Dorf, Felder, Bäume, Himmel, Dorfstraße, ein Mädchen, eine Gruppe von Frauen, die beieinanderstehen, zwei Männer)

b) *Wie sehen die Farben auf dem Bild aus?* (kräftige, düstere Farben, ungewohnt, besonders)

c) *Welche Art von Farben wurden dazu wohl verwendet?* (Ölfarben, Ölgemälde) Ich zeige den Kindern die mitgebrachte Leinwand und erkläre ihnen, wie sie auf den Rahmen gespannt wurde. Die Kinder sollen aus der Tube Ölfarbe herausdrücken und auf die Leinwand geben. Aus dem Farbpulver und dem Leinöl dürfen sie dann selbst Ölfarbe anrühren und die Farbe mit den Fingern auf saugfähiges Papier tupfen. Dort entsteht durch das Öl, das in der Farbe enthalten ist, ein Fettfleck. Ich erkläre den Kindern, daß das Öl zum Binden der Farbe notwendig ist, daß das Öl auf der Leinwand fest wird und die Farbe dadurch nicht mehr von der Leinwand abgehen kann.

d) *Wie ist es gemalt?* Wie eine Fotografie, auf der alles genau zu erkennen ist, jede Einzelheit? Anders? (Es wurde nur das gemalt, was wichtig erschien, summarisch, ohne feine Details. Vieles wurde weggelassen, vereinfacht)

e) *Wer hat das Bild gemalt?* (Ein Maler) Was stellt ihr euch unter einem Maler vor? (Gegensatz zu „Maler" = Anstreicher, der die Wände anstreicht, soll herausgestellt werden) Ich erzähle den Kindern, daß der Maler unseres Bildes aus dem Norden stammt, aus Norwegen, daß dort die Winter lang und dunkel sind und die Sommer nur kurz, daß die Menschen dort anders sind als bei uns oder im sonnigen Süden. Auch die Landschaft ist anders, sie wirkt oft dunkel. Deshalb hat auch der Maler in dunkleren, schwereren Farben gemalt. Ich sage den Kindern, daß der Maler Edvard Munch heißt, vor ungefähr hundert Jahren geboren wurde und vor etwa 30 Jahren gestorben ist.

f) *Warum hat er das Bild gemalt?* Was wollte er uns mit seinem Bild sagen? (Die Kinder sollen alleine überlegen und Antworten finden. Ich helfe nur mit Fragen nach: worüber unterhalten sich wohl die Frauen? Warum stecken sie die Köpfe zusammen? Versetzt euch in die Lage des einsamen Mädchens, stellt euch seine Außenseitersituation vor)

3. Die Führungsrolle kann ich bei dieser Beschäftigung nicht abgeben, doch trete ich in den Hintergrund, wenn sich die Kinder äußern.

4. Zum Schluß frage ich die Kinder, was ihnen an dem Bild gefällt, was nicht. Danach heften wir das Bild wieder an die Wand, damit sich der Eindruck bei den Kindern noch verfestigen kann. Nach einigen Tagen wird das Bild abgenommen und die Kinder können in einer weiterführenden Beschäftigung selbst eine ähnliche Situation malen, in der ein Kind von der Gemeinschaft ausgeschlossen wurde.

Es gibt viele Möglichkeiten, mit Kindern der verschiedenen Altersstufen Bilder zu betrachten. Man sollte dabei beachten, daß man solche Bildbetrachtungen möglichst vor Originalen durchführt, da auch die besten Reproduktionen den Eindruck verfälschen. Ist man gezwungen, Reproduktionen zu verwenden, sind große Papierbilder meist besser als Dias. Ferner sollte man beachten, daß eine Bildbetrachtung, die auf die Farbe und deren symbolische Werte eingeht, erst mit größeren Kindern durchgeführt werden kann, die nicht nur die Farben in der Vielfalt ihrer Töne kennen, sondern auch damit vertraut sind, daß Farben Gefühlsträger sein können.

Aufgabenpassage

Bei einer Aufgabenpassage handelt es sich um eine weitgesteckte Planung. Ausgehend von einem Grundthema wird in kleinen, überschaubaren Schritten, die eigenständige Aufgaben darstellen, der ganze Problemkreis dieses Themas erarbeitet, wodurch es gleichsam von allen Seiten beleuchtet und erschöpfend behandelt werden kann. Jede Teilaufgabe stellt eine Lernphase dar, die reflektiert wird und deren Lernzuwachs kontrollierbar sein muß.

Dieses Prinzip ist dir schon bekannt von der Anforderung her, einen Wochenplan aufstellen zu müssen, der im Grunde eine umfassende Aufgabenpassage darstellt. Eine Aufgabenpassage aus unserem bildnerisch-schöpferischen Bereich, die z. B. beim Zeichnen beginnt, über die Farbe zum Werken und bis ins Rollenspiel geführt wird, kann gut in deine Wochenpläne integriert werden. Dabei ist anzumerken, daß eine unserer Aufgabenpassagen sich gut über Wochen und Monate erstrecken kann.

So kann z. B. nur auf dem Farbensektor eine kleine Aufgabenpassage folgendermaßen aussehen:

1. Aufgabe: Farbenblättchen sammeln, Farben benennen.
Dafür notwendige Medien in reichhaltigem Angebot bereitstellen: Buntpapiere, Illustrierte, Prospekte, Kataloge.
Jedes Kind hat ein Schächtelchen für seine gefundenen Farben.

2. Aufgabe: Mache das „Es sieht so aus wie"-Spiel. Stelle mit den Kindern Bezüge zwischen den gefundenen Farben und der Natur her.
Verlebendige die Aufgabe durch Veranstaltungen wie Farbtage (alles zieht sich z. B. in Blau an, macht sich blaue Brillen, ißt Blaubeeren, malt blaue Bilder, sucht alle blauen Spielzeuge und Gegenstände zusammen und spielt damit)

3. Aufgabe: Erarbeite mit den Kindern an Hand der Farbblättchen die Eigenschaften der Farbe: Hell, dunkel, deckend, durchsichtig, stumpf, leuchtend – laß die Kinder mit Deckfarben diese Farbqualitäten malend erfahren.

4. Aufgabe: Mische Farben. Gib den Kindern die Deckfarben Gelb, Rot, Blau, Schwarz und Weiß und lasse sie Mischungen finden.

5. Aufgabe: Rotationsornamentik. Bemale mit den Kindern unbedruckte Bierdeckel mit Filzstiften in den Farben Rot, Blau und Gelb. Laß sie dabei Muster erfinden. Befestige die Bierdeckel mit Nägeln auf Spanplatten. Ein etwa 1 cm langes Stückchen eines Plastiktrinkhalmes stellt den Abstand zwischen Bierdeckel und Platte her, indem es vor dem Annageln auf den Nagel aufgefädelt wird. Durch schnelles Drehen der Bierdeckel vermischen sich die Farben optisch zu einer neuen Farbe und lassen darüber hinaus eine vorher nicht erkennbare ornamentale Wirkung entstehen.

Diagnose und Therapie

Diagnose Die Kinder sagen unbewußt in ihren Arbeiten etwas über ihre psychische Situation aus. Unabhängig von der gestellten Aufgabe und dem zu bearbeitenden Thema führt das Kind seine persönlichen Probleme mit auf. An der Wahl der Farbe, am freien Aussichherausgehen oder dessen Fehlen, am zurückgehaltenen oder euphorischen Verhalten, an der Deutlichkeit oder Verschwommenheit einer farbigen Ausführung wird dies meist deutlich.

Für uns Erzieher ist es lediglich wichtig, das Kind bei seinem gestaltendem Tun zu beobachten. Wir hüten uns davor, vorschnell Analysen anzustellen und Urteile abzugeben. Nach einigen auffälligen Arbeiten sollten wir weder uns noch die Eltern beunruhigen. Gut ist es, mit Erziehungsberatungsstellen zusammenzuarbeiten. Kinder malen, zeichnen und werken oft monatelang dasselbe. Sie sind fasziniert! Freue dich darüber! Haben sie sich jedoch bei einer Darstellungsart „festgefressen" und wir beobachten, daß sie lustlos werden, dann wechseln wird das Angebot etwa in der Reihenfolge: motorisch – haptisch – farbsensorisch.

Therapie

Der Wert künstlerisch-manueller Tätigkeit in der Therapie ist heute allgemein von Ärzten, Beschäftigungstherapeuten und Psychologen anerkannt. Die bildnerischen Mittel können eingesetzt werden zum Abreagieren, als Bewegungs- und Atemübung, zur Sammlung und Konzentration. Da therapeutische Behandlung in die Verantwortung der entsprechenden Fachleute gehört, bleibt es hier bei der Feststellung ihrer Verwendbarkeit.

Der kreative Erzieher

Das Kind erobert sich durch Anschauen und Erfahren Stück für Stück seine Umwelt. Diese Verstehensakte stellt es graphisch, malerisch und plastisch dar. Als Erzieher beobachten wir das Kind dabei, um Anregungen geben zu können und solche Einflüsse fernzuhalten, die sein Tun einengen und verkrampfen.

Die spontane bildnerische Äußerung ist für das Kind unerhört wichtig. Ungeduldige und voreilige Erwachsene, die das Kriterium der Richtigkeit bei Kinderarbeiten aus ihrer Erwachsenenperspektive verwenden und z. B. durch Vorzeichnen meinen helfen zu müssen, verkürzen eine wichtige Entwicklungsphase beim Kind und können ihm die Lust am Zeichnen, Malen und Werken zerstören. Aus Mutlosigkeit bildet das Kind mit seiner regen Imitationsgabe die Schemata der Erwachsenen dann einfach nach.

Regeln für den kreativen Erzieher

Welche Verhaltensweisen sollten die Erzieherpersönlichkeit kennzeichnen, um als erfahrener „Mitspieler" von den Kindern akzeptiert zu werden?

- Sieh deinen Beruf nicht als Job an, sei mit Liebe und Enthusiasmus dabei.
- Mache dich vertraut und erfahren in den Dingen, die du vermitteln willst.
- Sei dir darüber klar, daß deine Erziehungsarbeit Zeit und Kraft kostet. Erziehungsarbeit läßt sich nicht in verwaltungsmäßigen Dienststunden durchführen.
- Verschule den Kindergarten nicht. Leistungsdruck erleben die Kinder noch früh genug!
- Betrachte den Jugendhort nicht als Fortsetzung der Schule, sondern erkenne die Chance, notwendige schulische Sachzwänge zu verquicken mit solchen Angeboten, die geeignet sind, den Rest der Nachmittagsstunden beglückend und selbstschöpferisch erleben zu lassen. Du verlängerst und erfüllst dadurch ihre Kindheit. Das ist notwendig für sie!
- Denke immer wieder daran, daß ein den Menschen prägendes und ihn beglückendes Lernen nur durch Faszination geschieht.
- Erkenne in diesem Zusammenhang die Bedeutung der musisch-pädagogischen Bildungsmöglichkeiten, die in ihrem Umfang in der Praxis nicht annähernd ausgeschöpft werden.
- Mache die Kinder nicht zu Medien deiner eigenen Ambitionen.
- Sei dir bewußt, daß du dich zusammen mit den Kindern in einem Sensibilisierungsprozeß befindest, der sich über die gesamte Kindergartenzeit und Schulzeit hinzieht.

Dieses Buch soll dazu verhelfen, durch Information über didaktische und methodische Kenntnisse zum eigenen Erleben der Materialien und der in ihnen liegenden Möglichkeiten zu gelangen. So kommst du zu deinem persönlichen pädagogischen „Know-how".

Ausgewählte Literatur

Abegg: Dr. W., Der Familientest, W. Classen Verlag

Basteln im Vorschulalter, Verlag Volk und Wissen, 1972

Basteln mit Krimskrams, Neuer Tessloff Verlag, 1973

Baume P., Fingermalen in der Kunsterziehung, Bodmer Offset Druck Zürich, 1965

Berger-Zankl, Technisches Werken, Don Bosco Verlag

Bis heute, Stilgeschichte der bildenden Kunst im 20. Jahrhundert, DuMont Verlag

Blitz, G., Filmen in Farbe, Die schönen Bücher Verlag, Dr. Wolf Strache, Stuttgart

Burkhardt, Grundschulpraxis des Kunstunterrichts, O. Maier Verlag

Das große Ravensburger Hobbybuch, O. Maier Verlag

Das Spiel mit den Bildelementen, O. Maier Verlag

Daucher-Seitz, Didaktik der bildenden Kunst, Don Bosco Verlag, 1969

Der Pelikan, Zeitschrift der Günther Wagner Pelikanwerke

Der Staedtler-Brief, Kunstpädagogische Hinweise, Staedtler Nürnberg

Ebert W., Kreativität und Kunstpädagogik, A. Henn Verlag, 1973

Fernau J., Wie es euch gefällt, eine lächelnde Stilkunde, Herbig Verlag

Fietzek-Kröll, Kinder kneten Ton, DuMont Verlag

Friedländer, Mein Museumsbesuch, Köln 1974, Schriften der Kölner Museen

Frohe Stunden durch Basteln und Werken, Bd. 1 und 2, Sebaldus Verlag

Gollwitzer G., Schule des Sehens, O. Maier Verlag, 1966

Gollwitzer-Kowalski, Wege zur bildenden Kunst, Klett Verlag, 1965

Grieshaber, Basteln mit Kindern, O. Maier Verlag

Grigat R., Psychologie für Erzieher, Bardtenschlager Verlag 1975

Grözinger W., Kinder kritzeln, zeichnen, malen, Prestel Verlag, 1970

Grohmann W., Paul Klee, Kohlhammer Verlag

Hafner-Weber, So fängt es an, Stiasny Verlag Graz, 1965

Heinig P., Spielobjekte im Kunstunterricht, O. Maier Verlag

Hickel, Wie Kinder Bilder betrachten, Arnabas Verlag

Heufelder W., Arbeiten mit Ton im Kunstunterricht, O. Maier Verlag

Heum F., Bildnerisches Gestalten in der Schule, A. Henn Verlag

Hils, K., Formen in Ton, Bärenreiter Verlag

Itten J., Kunst der Farbe, O. Maier Verlag

Itten J., Zur Farbenlehre Johannes Itten, Arbeitsmaterial, O. Maier Verlag

Itten J., Mein Vorkurs am Bauhaus, O. Maier Verlag

Kaiser G., Kunstunterricht in der Eingangsstufe, O. Maier Verlag

Kalff D. M., Sandspiel, Rascher Verlag, 1966

Kampmann L., Begegnungen mit Element und Ordnung, A. Henn Verlag

Kampmann L., Die Kindermalschule, O. Maier Verlag

Kampmann L., Ravensburger Kinderwerkstatt, O. Maier Verlag

Knötzinger M., Kunsterziehung, Bardtenschlager Verlag 1973

Knopff, H. J., Kustunterricht und Sinnesschulung im Vorschulalter, Auer Verlag

Kowalski, K., ... fertig ist das Mondgesicht, Klett Verlag

Kunst und Unterricht, Zeitschrift, Friedrich Verlag

Kunst unserer Zeit, Malerei und Plastik, DuMont Verlag

Leonard, G. B., Erziehung durch Faszination, Piper Verlag

Löscher W., kritzeln schwingen spuren, didaktik elementar, Verl. Sellier Freising, 1973

Malen macht Spaß, Elternanleitung, Zweig Verlag

Merz F., Materialbilder und Objekte im Kunstunterricht, O. Maier Verlag

Meyers H., Die Welt der kindlichen Bildnerei, Luther Verlag

Meyers H., 150 bildnerische Techniken, O. Maier Verlag

Meyers H., 150 bildnerische Themen, O. Maier Verlag

Mit dem Malblock unterm Arm, Domino Verlag

Mohr G., Kinder zeichnen so, Selbstverlag Schenkenberg, A–9130 Fronleiten, 1968

Monographie-Reihen: Ravensburger Hobbybücher, Brunnenreihe, Christophorus Verlag, Don Bosco Reihe

Pelikanbücher für bildnerisches Gestalten, O. Maier Verlag

Pekney L., Fingermalen in der Heilpädagogik, Bodmer Offset Druck, Zürich

Sager P., Neue Formen des Realismus, DuMont Verlag

Schenk-Danzinger, Entwicklungspsychologie, Österr. Bundesverlag

Schramel, Einführung in die moderne Entwicklungspsychologie, Klett Verlag

Stadler W., Führer durch die europäische Kunst, Herder Verlag

Staudte, Ästhetische Erziehung, in H. Belser u. a Curriculum Materialien für die Vorschule, Beltz Verlag

Steidle F., Wie Kinder gerne malen, Südwest Verlag

Seitz R., Zeichnen und Malen mit Kindern, O. Maier Verlag

Seitz R., Ästhetische Elementarbildung, in: Was ist vorschulische Erziehung?, Ravensburger Elternbücher

Sommer, Werken mit Polystrol, O. Maier Verlag

Spiel mit den bildnerischen Mitteln, O. Maier Verlag

Techniken des bildnerischen Gestaltens, Verlag Volk und Wissen, 1971

Trümper H., Malen und Zeichnen in Kindheit und Jugend, Handbuch der Kunst- und Werkerziehung Bd. III, Rembrandt Verl.

UHU Information, Korrespondenz des Hauses UHU

Ulmann G., Kreativität, Beltz Verlag, 1970

Vester, F., Denken, Lernen, Vergessen, Deutsche Verlags-Anstalt, 1975

Werken instruktiv, O. Maier Verlag

Wollschläger G., Kreativität und Gesellschaft, Fischer Taschenbuch

Zacharias A., Kleine Kunstgeschichte abendländischer Stile, Schnell und Steiner Verlag

Zacharias A., Mein Kunstbuch, Schnell und Steiner Verlag

Zeitschrift für Kunstpädagogik, A. Henn Verlag

Farbige Abbildungen

Schwarzweiße Abbildungen

Gert Beyer

1935 in Oranienburg geboren, lebt in Hof
Maler und Kunsterzieher. Ausstellungen im In- und Ausland. Veröffentlichungen im 1., 2. und 3. Fernsehprogramm, in Kunstmagazinen, Wochenzeitungen und Zeitschriften. Pädagogisch tätig im heilpädagogischen Bereich, im Gymnasial-, Fachschul- und Volkshochschulbereich, in Eltern-, Erzieher- und Lehrerausbildung. Eigene Mal- und Werkschule für Kinder. „Hofer Oscar" für Kunsterziehung. Dozent an der Fachakademie für Sozialpädagogik in Hof.

Maximilian Knötzinger

1933 in Graz/Österreich geboren, lebt in Erlangen.
Bühnenbildner, Maler und Kunsterzieher. Bilder ausgestellt in München und Nürnberg. Veröffentlichung einer Studienhilfe „Kunsterziehung", Anleitung für Eltern und Erzieher. Mitglied der Landesarbeitsgemeinschaft Schulspiel und der Landesarbeitsgemeinschaft der Fachakademien für Sozialpädagogik. Leiter des Arbeitskreises der musisch-pädagogischen Fächer zur Erstellung des Curricularen Lehrplans für Fachakademien am Staatsinstitut für Schulpädagogik. Pädagogisch tätig im Gymnasial-, Fachakademie- und Fachhochschulbereich, in Eltern-, Erzieher- und Lehrerbildung. Leiter der Fachakademie für Sozialpädagogik in Nürnberg.

Titelbild
gemalt nach der Musik Sysyphus von Richard Wricht
Studierende FASP